エビデンスが語る

宇宙人&人類ハイブリッド文化

アストランとアステカ人

ドクター・パブロ
奥田一美［訳］
中谷淳子［監修］

ヒカルランド

まえがき

中谷淳子［監修者］

2017年8月、その衝撃は突然私の人生にやってきた。

あの日、私はメキシコのとある人物A氏を友人のギャビーの紹介で訪ね、そのオフィスのデスクに衝撃的な遺物を見た。

その遺物は石で作られた「顔」でしたが、明らかに人間の顔ではなく、目が大きく細長く、その眼にはびっしりと未だ解読されていない象形文字が刻まれていた。

額にはこれも宇宙人のように見える人物が彫られ、裏面には小型の宇宙船？　を操縦する人物とUFOから出てくる宇宙人が彫られている。

そして、頭部には中南米の先住民族が神と崇める羽の生えた聖なる蛇・サーペントであるケツァルコワトル、別名ククルカンが彫られていた。

目を丸くして驚いている私を横目にA氏は次から次へと違う顔の遺物を私の目の前に並べ始めた。

それらは驚くことに石でパッチワークのように継ぎはぎされて顔を形成していて、その接着面をどのように何を使用して接着させたかは未だに分かっていない。

それらの顔にも象形文字が彫られていて、明らかに宇宙人と思われる存在がUFOから出てきている。とりわけ、天使のように羽が生えている宇宙人には驚かされた。「天使は宇宙人だったのか⁇」

そう思いながらも更に目の前に出されてくる遺物に子供のように驚き、はしゃぐ私がいた。それらを見る限り彼ら宇宙存在はユーモアのセンスを持ち合わせていて、芸術的なセンスと私たち人間の思考を超越した技術をもっていたとしか考えられない。

彼らはどうやら子供好きのようで、至る所に子供の顔が彫られている。そして、ファミリーであろうと思われる遺物3体のお母さんの腰には尻尾のようなものもついている。それまでの個人的な体験から宇宙存在がいることはわかっていた、けれど宇宙人に尻尾があるとは考えたこともなかった。

そして、対で出てきたという石板の一つには、上半身が人間、下半身が蛇・サーペントという、存在が描かれていた。その存在の対面にいる神官の手には蛇・サーペントがのっていて、大きく開いたその口からは頭の長い宇宙人が出てきている。そして、その裏には、

ドクターパブロ（右）と中谷淳子（中央）。宇宙人と思われる証拠遺物

神のシンボルを背負った神官とサーペントとUFOが描かれている。

A氏のオフィスに居合わせた先住民のB氏は、これには過去地球が大きな大変革を4度起こしていることが表されていると言っていた。

そして、この石板の写真をマヤ族の大長老アレハンドロと、グランドマザー・エリザベスに見せたところ、これにはマヤの神が描かれていて、マヤの創世記を物語っていると言っていた。

話は2008年に飛ぶが、この年にアレハンドロ大長老とエリザベスはじめ、祈りの仲間をアメリカから5名を日本に招聘し日本各地を巡礼してお話会を開いた。この来日に至ったストーリーはニュージーランドのワイタハのテポロハウ長老との共著（ヒカルランドより出版予定）に綴っている。

その来日時にアレハンドロが私たちに伝えたメッセージはこうだった。

「マヤ族は、過去に天変地異で世界が滅びそうになった時のことを記憶している。それは母なる地球のサイクルと共に起こるので、またいつか天変地異はやってくるけれど恐れないでほしい。

その時が来ると真っ暗闇の世界が数日間続いて、その後に新しい太陽が出てくるが、太陽が同じ東から出てくるとは限らない。過去に大災害が起こった時には、ある者たちは空に帰っていき、ある者たちは地下に逃げていき、ある者たちは北に移動していった。多くの人々が大惨事によって亡くなったが、この先どうなるのか分からないというその恐怖で亡くなった人の方が多かった。また暗闇が続く間に関してはマヤの多くの長老たちは「寒波がやってくる」と言う。

ですので、またその様なことが起こった時には、どうか恐れずに外に出て火を起こし、暖をとって周りの人々をサポートしてあげてください。そして新しい始まりを祝ってください。」

話をA氏のオフィスに戻すと、そこに居合わせたB氏も同じことを言っていた。「この石板に描かれている過去に起こった大変革は、それぞれ水・風・火で変革が起こった」と。「では次に起こる変革は何で起こるのですか?」と聞いてみると「そのすべてで起こる」と。

近年の世界的な気候の変動や、環太平洋の火山活動の活発化、各地で起こる大地震などは、どれもその大きな変革の前触れともいえるのではないか。マヤでは5200年周期の長期暦があり、その周期の終わり、すなわち新しい周期の始まりに天変地異が起こってきたと伝えられてきたと言う。

しかしスペイン人の入植以来、正確な5200年周期の暦も分からなくなり、その新しい始まりがいつなのかということは、暦のデイキーパー・保持者であるアレハンドロ大長老でさえも分からない。だが彼らは夜空の天体の位置を調べることで、その時をおおよそ捉えているのだそうだ。

そして、マヤに文明を教えピラミッドの建設や暦の叡智を伝えたのは、何処からやって来たかは分からない4人の賢者だったそうだ。その賢者たちは文明を伝え終わった後、また何処かへと帰っていった、と言う伝説がある。

その時代にマヤに高度な文明を教えられる他の部族がいたのだろうか。

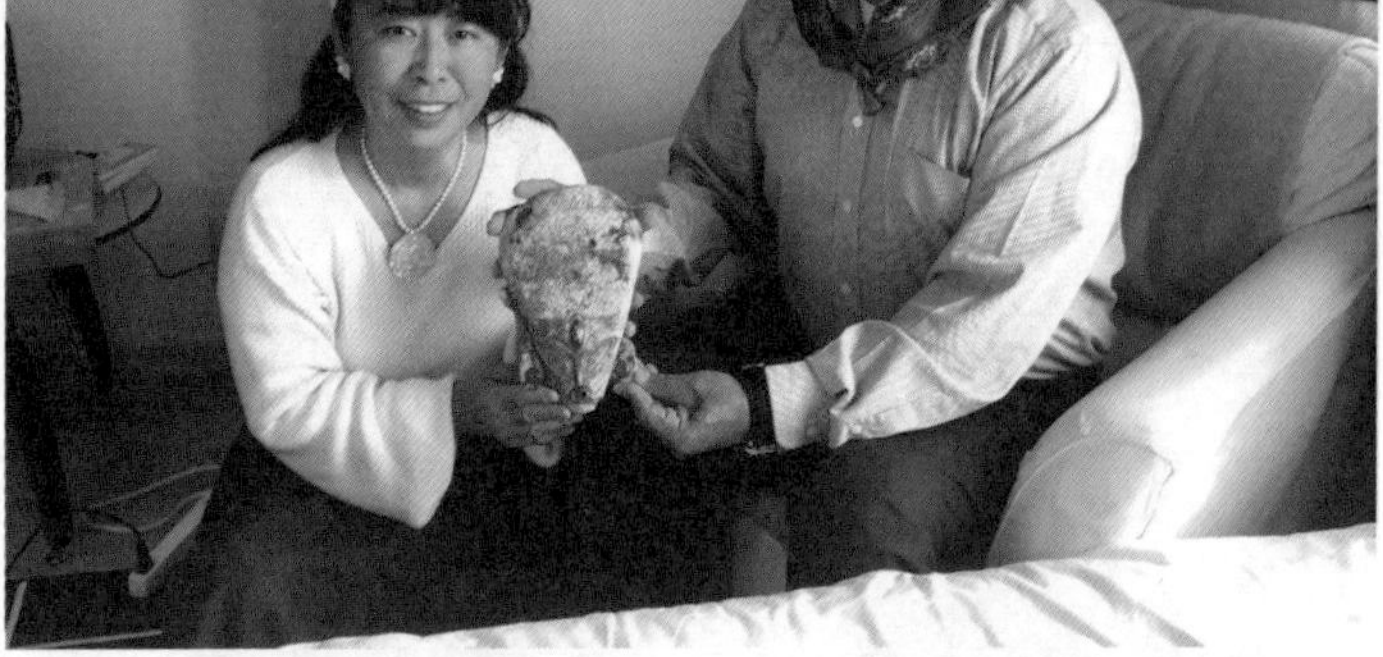

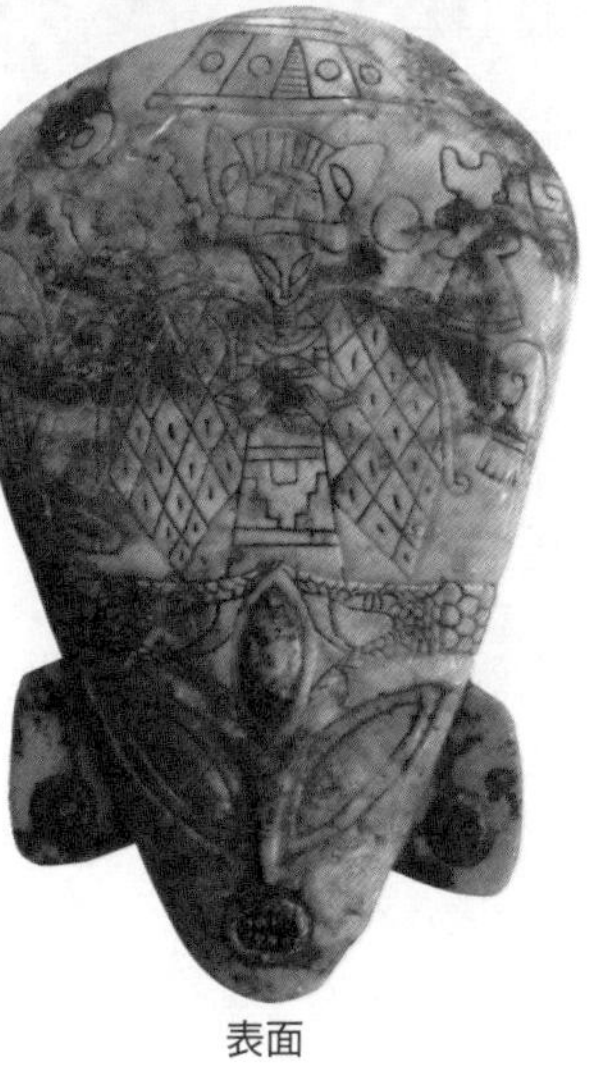

表面

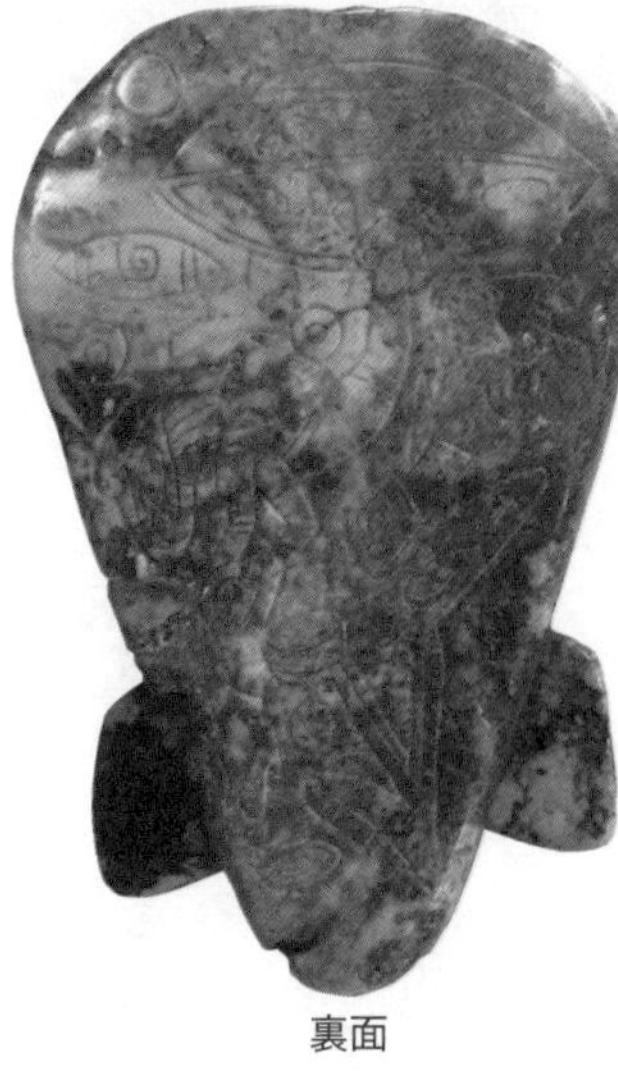

裏面

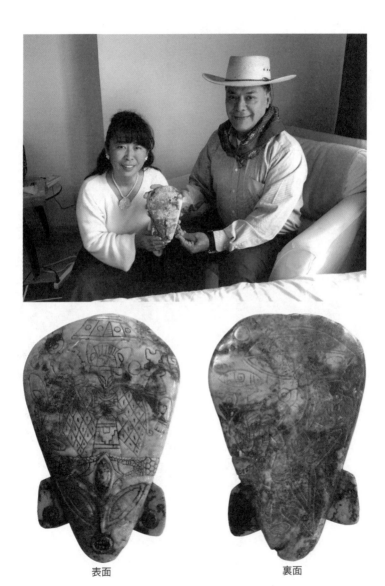

何千年をもあらわす長期歴は、100年足らずしか生きない人間にとって何を意味するのだろうか。誰が何千年もの星の運航を計算しえたのか？

そして、メキシコの13州で1万点以上が出土しているこれらの遺物は誰が何のために残したのか。それらは、洞窟や地下通路の中に埋もれていたのが近年発見されたり、地震が起こって地面が割れた中から発見されたりと、この40年くらいで次々と世に現れている。ちなみに、メキシコの広範囲から何万点も遺物が見つかっているにも拘らず、メキシコ政府は遺跡発掘物とは認めていないらしい。それを認めると宇宙人の存在を認めることになるからだ。

もし仮に、この遺物に描かれている宇宙人たちがマヤ族の先祖に文明を教えたとすると、彼らはプレアデスから来た存在なのだろうか。アレハンドロ大長老は、我々の祖先はプレアデスからきたと言っていた。

A氏は、遺物の一つに描かれている3つの球をシリウスの連星だと言っていた。私が10年来、活動を共にしているニュージーランドのワイタハのテポロハウ長老は、ワイタハのご先祖はシリウスから直接ドラゴンと共に地球に飛来した存在もいれば、シリウスからプレアデスを経由して地球に来た存在もいると言っていた。

多くの疑問を残したまま帰国した私は、翌2018年、再度メキシコを訪れた。やはり1か月ほどの滞在中にA氏を何度か訪れた、A氏が数あるオーパーツを日本に紹介したがっていたからである。

ある日彼のオフィスに行くと床に二枚のポスターが置いてあった。その1枚には石で作られた宇宙人の「顔」の遺物がランダムに10個ほど並べてあった。私は、そのポスターを見た瞬間、その中の一つの「顔」が異常に気になった。その宇宙人の顔はとても強いエネルギーを発していて女性的な顔の宇宙人だった。後に私が「プリンセス」と呼ぶようになった遺物である。

私は、A氏に「この遺物は今オフィスにありますか？　と聞くと彼は「これだけ今オフィスにありますよ」と言って見せてくれた。

実物を見てもやはりとても強いエネルギーを発していて、エネルギーワークをしなければいけないのが分かったので、「オフィスの個室を借りて、これを使ってワークをしても構わないですか？」と聞いた。

彼は快く承諾してくれたので、友人のギャビーにワークの証人になってもらうために同室してもらい施術のベッドに横になった。そして、その遺物を胸に置くとすぐに上からそのエネルギーが降りてきて私の胸のハートチャクラから入り、一つ一つのチャクラを通過して基底の第一チャクラまで下りていった。

それに伴い遺物も私の股の所まで下りていった。そして、そのエネルギーをまるで妊婦が出産するのと同じように呼吸が荒くなり産み出したのである。

「出産？」と読者は思うでしょうが、この世の中、摩訶不思議なことがあるもので、シャーマン体質の私の体は時々、龍やイルカ、黄金のベイビーたちを産み出してきた。なので、そう驚きはしなかったが宇宙人は初めてである。どうしてそういう事が起こるのかと言うと、経験から言えることは、私の3次元の肉体を介して出産されると、より三次元に近いレベルで彼らが働きやすいようである。

その出産劇の後、私はA氏を部屋に呼び、起こったことを説明した。話している最中も色んな宇宙存在がやってきてA氏に挨拶をした。

その最後の最後に現れたのは、ヘロンという名のシリウスの存在で長年私がチャネリングしていた存在だった。ヘロンを10年近くチャネリングしていなかったので、その突然の訪問は私にとっても嬉しいことだった。ヘロン曰く、「我々はあなた方と共に太古にこの地球にやってきた。そして長い長い間あなた方が目覚めるのを待っている。長い長い間待ちすぎてもう時は既に遅いくらいです。ハートを大切にしてください。周りの人たちと共にハートを育んでください」

その数日後、私はギャビーに勧められてA氏に手紙を書いていた。A氏の来日に伴い必要事項を書き始めたが、私のハートは出産したあの宇宙人の遺物でいっぱいになってきた。なんだか、あの遺物と共に日本に帰らないといけない気になってきたのだ。手紙を書き始めるうちにその想いがだんだんと強くなり抑えられなくなった。どうしようか迷った挙句、正直に自分の気持ちを伝えることにした。

「私は20年以上シリウスの存在と共に人々や大地の変化をサポートしてきました。そして、マヤ族やホピ族の長老たちとも祈りを共にし、とりわけニュージーランドのワイタハのテポロハウ長老とはこの10年間、日本やニュージーランド全土を回って人々や大地、そこにいるスピリットたちに働きかけてきた。そして日本には目覚めたくてもなかなか目覚められない人たちが沢山いる。

この遺物は宇宙の叡智を記憶していて図書館のようなもので、後世の私たちが目覚めることが出来るように彼らがこれらを残したのだから、彼らが働きたいように働かせてあげてほしい。これはメキシコの大事な宝ではあるが人類の宝でもある。どうか人々の変革を手助けしてほしい。私はこの遺物と共に日本に帰らないといけないのです。どうやってこれが手に入るかはわかりません。でも私はこれと共に日本に帰らなければいけないのです。

シリウスの使徒、ヤマトのＪＵＮＫＯより」

後日、この手紙を携えて再度A氏のオフィスを訪ねた。この手紙を読んでもらっている途中涙が止めどなく溢れ出てきて、その最中にB氏がオフィスに入ってきた。その手紙が読み終えられた時、A氏は遺物を手に取りB氏に向かってスペイン語で何やら話し遺物をB氏に手渡した。そしてB氏が私の方へ体を向き直した時、エネルギーが下りてきた、そこでセレモニーを行うかのように私は片手を胸に、片手をB氏に向けていた。

近づいてきたＢ氏が私の胸に遺物を置くとＡ氏が「ＪＵＮＫＯ、今日から君はこの遺物のアンバサダー・大使で、君がこの遺物のケアテイカーですよ」と言った。私はその言葉を信じることが出来ず、後に本当にその遺物と一緒に帰国する事が出来ると分かった時、全身が震え、魂が歓喜に満たされた。

帰国後ほどなくして、Ａ氏の来日予定とお話会の会場も決め、チラシを作成し終わったころで、Ａ氏からの連絡で親族の都合で来日できなくなったと告げられた。

すでに告知をしていたので困り果てたが、以前メキシコを訪れた時に時間がなく訪れることが出来なかった遺跡発掘者に連絡が取れないだろうかと考えた。早速ギャビーに聞いて連絡を取ってもらうと二束返事で来日を決めてくださった。

その方がこの本の著者のドクターパブロである。パブロは元軍医で今はご自身のクリニックを持ちながらも遺跡の発掘に30年近く携わっている。専門とするのはＸ線を見ることで、それを聞きつけて後に魚人と言われるようになった発掘された骨の検査依頼を受けたのが発掘調査に関わる発端だったそう。

そのパブロは２０１８年の11月に沢山の遺物と共に来日してくれた。東京でパブロのお話会とその遺物を使った瞑想会を私が行ったが、参加者の皆さんが数々の遺物とプロジェクターの写真を見て驚かれたのは当然だった。

それらの遺物に描かれた絵からは、その昔、飛来した宇宙人たちと先住民の神官たちは共に儀式をしたり時には手術をしたり、そして驚くべきことに異種交配が行われハイブリットな存在を作ったと推測できるのである。その生まれてきたハイブリットな存在は、地球に残ったものと、UFOと共にあちらの星にも連れて帰ったようである。

ここまで聞くと何処かのSF小説か映画のようであるが、私が見てきた遺物には、人間が宇宙人を出産するシーンや、精子と思われるものに宇宙船からビーム照射が行われていたり、宇宙船に赤ちゃんが引き上げられていたりするシーンが描かれている。古代のメキシコ人たちがただの空想でこれらを作り上げたにしては出来すぎていて、メキシコ各地でも同じような絵が彫られているのが見つかっている。そして、炭素14法で調べた結果6千年から古いものでは5万年も昔に遺物が作られたことが分かっている。

もしもこれが本当に起こったことだとすれば、天地がひっくり返るほど人間の意識は変わるであろう。自分たちは猿から進化したのではなく、宇宙人だった。まあ、自分の先祖が猿よりは宇宙人の方が、ロマンがあるのは確かである。

そして、そのハイブリットのＤＮＡを持った子孫が今もこの地球上に存在するとしたら、その人たちは既に目覚めて活動しているかもしれない。いや、この文明社会に飲み込まれて盲目になった人類の中に潜みながらも目覚める時を待っているかもしれない。どちらにしてもヘロンが言ったように時は既にもう遅く、すべては雪だるま式に大きく変化していく時なのかもしれない。

２０１９年5月、私は再度メキシコに飛んだ。

私が来るというのでパブロはそれに合わせて4大陸のコンファレンスを小さな町で開いた。メキシコ・フランス・ロシア・日本、それに加えてカメルーンの王子や前市長や市長さんも来ていた。会場は市の古い石畳の建物で行われ、警備にライフルを持った警察が何人か配備されていた。流石メキシコである。

そして、それぞれの国の代表者が2日間にわたってスピーチをする中、南米に調査にいった方が見せてくださったプロジェクターを見て驚いた。その画面に映る一見石膏で出来たような存在はミイラのようにガリガリで顔はＩＴのような宇宙人で、そしてお腹がポッコリ膨らんでいる。その存在のＸ線を見ると骨は人間のようであるが、あばら骨が真っすぐで心臓が2つある。そして膨らんだお腹にあるのはナント3つの卵だった。

この100年で人類は飛躍的に技術を開花させた。ライト兄弟が初めて飛行機を開発し飛行してから100年少し、その時は誰も海外旅行やまして宇宙に行けるなんて思いもよらなかっただろう。しかし、100年200年後に人類は宇宙を普通に旅しているだろう。もしかしたら300年後には空間の歪を利用して空間移動が出来るようになっているかもしれない。その時、昔を振り返った我々の子孫は狭い見識の中で生きていて宇宙を知らない我々先祖を小ばかにして笑うことだろう。

最後になりましたが、この本の出版を快く引き受けて下さった石井健資社長、そしてその橋渡しをしてくださった荒井倫太郎さん、またパブロ来日と翻訳に全面的にお手伝くださった寺石マナさんに奥田一美さん、そしてA氏やパブロ博士と繋いでくれて、いつも温かい愛をもってもてなしてくださるメキシコのギャビー&フランシスコ　チャボラ　ファミリー、そして何よりパブロ博士と彼をいつも支え続けているロシーとその家族に最大限の愛と感謝を送ります。

またいつも各地を飛び回っている母である私を愛し続けてくれている宝である二人の子供ソフィアとアリヤーン、また二人のサポートをしてくれている両親とその御先祖、そして10年来私の霊的成長をサポートしてくれているテポロハウ長老とワイタハファミリーに永遠の愛を送ります。

この本が人々の意識を変化させ、より大きなマインドでそれぞれのボーダーを超え、人類の輪を広げていくきっかけとなれば幸いです。

愛と感謝を込めて　アロハヌイ

カバーデザイン　櫻井浩（⑥Design）
校正　鷗来堂
協力　ナウィ・オリン協会／
寺石マナ（NONKI BOOKS）
本文仮名書体　文麗仮名（キャップス）

目次

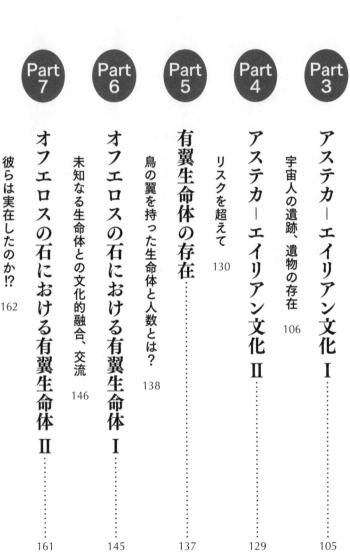

メキシコ、オフエロス・デ・ハリスコの概要

ここでまずはじめにメキシコ共和国オフエロス・デ・ハリスコについて簡単に概要をお話しします。

所在地から始めます。国の中心に位置し、5つの州のまさに合流地点にあります。その5つの州とは、ハリスコ州、サン・ルイス・ポトシ州、グアナフアト州、サカテカス州、アグアスカリエンテス州です。都市部はサカテカス州内、州境の近くに位置しています。サン・ルイス・ポトシとグアダラハラ間の高速道路に位置し、サン・ルイス・ポトシ州の州都から1時間、アグアスカリエンテス市から70分の所です。サカテカス市からの距離とほぼ同じで、ラゴス・デ・モレノ市から1時間です。15㎞南にはグアナフアト州があります。このように、容易に見つけることができます。

オフエロス・デ・ハリスコは、スペイン植民地時代の〈アメリカのニュー・メキシコ州のサン・フアン・プエブロからメキシコのメキシコシティまでの道路で、現在では世界遺

産に登録されている〉カミノ・レアル・デ・ティエラ・アデントロに位置しています。1569年に創設され、スペイン植民地時代の初頭、領土の安全と支配を守るための要塞として始まりました。道路内に位置しているので、警備拠点として、また、サカテカス州にある鉱山から採掘された金、銀、銅の発送地点としても機能していました。これらの鉱物は、メキシコがポルフィリオ政権〈ポルフィリオ・ディアスは3度大統領になった人で、1876年に初就任〉になるまでの30年間、スペインだけでなく、全世界に多く渡ったことから、この道路〈のメキシコ領分内の部分〉は世界文化遺産に登録されています。規模は減少したものの、現在でも鉱山は操業されています。

オフエロスはとても静かな町〔図1〕で、住民はホスピタリティに富み、オープンで、〈メキシコ版ロデオである〉チャレリアのような伝統を好みます。

〔図1〕 オフエロス（世界遺産）の町並

農場、闘牛に強い畜産、気候に即した乾燥農法を営んでいます。オフエロスの住民はとりわけ、親切で真心に溢れています。また、オフエロスの女性たちが綺麗であることも言っておかなければなりません。ロス・アルトス・デ・ハリスコ地域の女性はひときわ美しいのです。彼女たちは伝統的な家族様式で育っていますが、向上心を忘れません。男性たちは、たくましくざっくばらんで、もてなしの心を持っています。彼ら個人の能力を考えると、彼らが身体的および知的な努力によって成長する意欲を持っていることは、疑いの余地がありません。

この地域の住民は、要塞として始まったこの町を素晴らしい状態で保つことに誇りを感じています。要塞には自治体とその機関が設置されています。また、要塞の中では超常現象が起こり、時折写真にさえ、普通に見ただけでは感知されない光学効果が現れます。この要塞は、約2万8000人の住民を有する町の中心に位置しています。

中央教会であるイグレシア・デル・セントロが、要塞の正面に位置しており、その正面には囲いのない中庭があって、魅力的でアクセスが容易です。守護聖人サン・ホセに捧げられたもので、建築物は赤い切り石でできた新古典主義の様式です。鐘楼があり、鐘の音が祝いの時を告げます。5月1日に守護聖人の日が祝われますが、国民の祝日と合わせて数日間かけて祭りの準備がなされ、感動的なパレードが行われます。

オフエロスの住民のもう1つの誇りは、国民の祝日を祝うことです。例えば、9月16日には市民がパレードを行いますが、この地域独特の騎馬戦や〈メキシコ革命に参加した〉女性兵士を模したつば広帽子は欠かせません。また、革命民謡が伝えるバレンティナという有名な女性革命家の出生地であるため、11月20日に祝われるメキシコ革命記念日も、この地方の色を帯びたものです。彼女の像はラゴス・デ・モレノの街道の入口、記念門の正面にあります。革命記念日には1週間かけて、地域の踊りや、演説調、物語風の詩の朗読など、文化的催しが行われます。また、夜にはマリアッチの演奏や、情熱的あるいはボヘミア好きな若者によるセレナーデが広場で繰り広げられます。広場を見下ろす時計台の前やキオスクの中に人々が集まります。若者たちは今でも、広場を1周するという祭日の良き伝統を引き継いでいます。青年たちは外側、年ごろの娘たちは内側を反対方向に歩きます。このようにしてお互いに知り合い、カップルが誕生し、婚約へと繋がるのです。オフエロスの夫婦で、ロス・アルトス・デ・ハリスコ地域特有のこの素敵な風習によって始まらなかったカップルが、何組いることでしょう！　彼らの多くは、週末には仕事場を離れ、彼らを取り巻く大都市の問題から解放された、心地よい週末を過ごします。

〔図2〕「オフエロス・デ・ハリスコのサン・ホセ」と名付けられた要塞の中央の中庭の眺め。写真の中央に井戸が見られますが、セロ・デル・トロへ繋がっていると言われる地下道を通れるように、閉鎖されていました。近年では、事故を防ぐために閉鎖されていました。スペイン様式のアーチと景色を見渡す平方形の建築が特徴的ですが、防衛の機能も果たしていました。

この町は100年以上の間隆盛を誇りました。劇場や病院、印刷所を有していました。町の中心部を占める建築様式は、ゴシック、新古典主義、メキシコ植民地時代のものです。郊外には、レンガやブロック造りの家などの近年の建造物があります。特筆すべきは、町がきれいなことです。エンリケ・ディアス・デ・レオンという公園は非の打ち所がなく、オフエロスの住民の誇りとなっています。町のきれいさは治安の良さも表しており、すぐに平和と穏やかさが感じられます。町を訪れる人は、道ですれ違う人がいれば誰でも、自然に笑顔であいさつをしてくれることに気付くでしょう。

〔図2〕

〔図3〕

後に1つの農園が建設され、17世紀初頭から革命期中の20世紀初頭まで存続しました。現在ではこの地域全体に多くの農園が存在しますが、中でもサン・ホセ・デ・オフエロス農園が最も古く、その大きな家は中央教会に隣接しています。要塞とこの建築物の総体は、〈「オフエロスの軍隊の広場」という意味の〉プラサ・デ・アルマス・デ・オフエロスと呼ばれ、訪れる者を穏やかさで満たしてくれます。

市の第一区画には、100年以上続く商業広場があり、パリアンとして知られています。そこではたくさんの商売が営まれています。建造物は約300年前のもので、一連のアーチはゴシック様式のものです。良く手入れや保存がなされていて、きれいなので、この場所を通るのはとても快いものです。安全であることも、すぐに感じられるでしょう。

〔図3〕イダルゴ広場を構成するパリアンの全景。新古典主義様式の入口、アーチの連なりが特徴的です。保存状態が良く、常にきれいに保たれています。それがオフエロスの住民の誇りです!!

もう1つ興味を引く場所として、〈神殿・礼拝堂という意味の〉サントゥアリオと呼ばれる建造物があります。守護聖母に捧げられたもので、18世紀に遡ります。教会と基本的に違うのは、正面が白い切り石で施され、建築様式が新古典主義とゴシックであることです。もう1つの主な違いは、中庭が厚い壁で囲まれていて、その壁の頂点が鉄の鍛造物で飾られていることです。これだけ長い間、この状態で保たれてきたのは歴史的です。

オフエロスの周辺には大きくて長い丘があります。最も特徴的なのは、大きな岩々があることと、頂上がほぼ平らなことで、ここが注目を集めていました。現在、風力発電機のために丘が水平に削られているからです。わが国の文化における最も神聖な場所を侵すということで、私たちは州政府に対し建設反対の抗議行動を行いましたが、それにもかかわらず、丘の大部分が破壊され、合計で27基の風力発電機が設置されました。

2つの写真はドラゴン社の風力発電機の外観〔図4〕。この場所はウィンドファーム〈集合型風力発電所〉と呼ばれていますが、まさにアメリカ大陸の北半分で最も神聖なこの場所に、建設されました。中央アメリカからアメリカ合衆国の南半分まで、巡礼者が訪れた先祖伝来の巡礼の中心地でした。これは、未来の世代によって判断が下されるだろう大惨事です。なぜならば、丘の大部分が2007年から国および州当局の所属になってい

〔図4〕

るものの、〈執筆当時の〉2015年には、ドラゴン社が考古学的価値のある別の場所で風力発電所の建設を計画しており、既にメキシコ国立人類学歴史研究所（INAH）・ハリスコに容認されているからです。これが実現されないよう祈るばかりです。

いよいよまさに、セロ・デル・トロに入っていきましょう!! この神秘的な場所からオフエロスや他の町が見渡せます。丘の斜面には、近隣住民が「インディオの村」と呼んでいる、スペインによる植民地以前の集落跡があります。見渡す限りの丘全体はもちろんのこと、さらに向こうにもこれらの遺跡があります。家だけでなく、神殿跡や界隈、植民地以前の謎の地下道など、考古学的に最も富んだ場所です。地下道の中には最も重要なものがあります。この丘には少なくとも7つの洞窟があり、それらの中からは計り知れないほどの歴史的価値のある遺物が発見されているからです。私たちの推測では、その内3つの遺物についてインターネット上で情報が流れ、不正取引の場で高い値が付けられました。これにより少数の者が利益を得ましたが、これはナウィ・オリン協会の目的とするところではありません。協会の目指すところは、国際的な博物館を建設して、そこで全ての遺物を保護し、私たちの祖先がどのようであったかを公開することです。こうすることで、私たち国民のアイデンティティーを強め、煙突のない産業である観光業を促進することを望んでいます。それにより、他の既存の博物館の重要性も増すので、オフエロスの住民だけでなく、地域全体の利益にもなります。
セロ・デル・トロのこれらの洞窟では、アステカの遺物や、この地域の様々な古代文化の遺物が発見されています。それは、オフエロスが5方位から訪問者を受け入れてきたからだと言えるかもしれません。そして、私たちの目標は、それを示すことです。

〔図5〕〈メキシコのナワ族の伝説上の国で、アステカ人の起源の地と言われている〉アストランに存在した異なる文化の4つの例。左上の写真は岩石を寄せ集めて作られたアステカの暦石で、非常に良くできています。右上の写真はマヤ文化と関係するチャクモール〈アステカ・トルテカ・マヤの神々と人間を仲介すると言われている神格〉で、白翡翠でできています。左下の写真は大型のメダルで、ジャガーのような牙が見られることから判断すると図像学的にオルメカ文化を象徴していますが、アステカの要素も含んでいます。右下の写真は、間違いなくトルテカ文化を表すものです。

〔図5〕

〔図6〕私たちがオフエロスの近隣で観察した遺物のうち、アパッチ族、スー族あるいはシャイアン族といった、北部の文化を表していると思われるものがいくつかあります。ダコタ族はアメリカ大陸の先住民族で、アストランに起源があるとも言われています。より良い写真を撮らせてもらえるように説得するため、私たちが再び遺物の管理者の下を訪れた時には、この管理者は既にこれらの遺物に対する権利を失っていました。

〔図7〕疑問がある場合は、これら2つの遺物を最後に残しておきましょう。これらは蔑称でレッドスキンと呼ばれる、アメリカ合衆国の民族を象徴しています。左の写真はアパッチ族の長、ヘフェ・アパチェの肖像、右の写真は衣装からしても住まいからしても、スー族の頭領だと思われます。この住居は彼らに典型的なものです。これらの遺物は花崗岩とシリカの混合物です。つまり、岩石をガラスと混合したもので、非常に硬くて加工が困難です。しかし末端部や図像にほぼ狂いはなく、どのようにして、これらの見事な遺物が作られたのかを突き止めるのは、興味深いことです。

重要なことは、ホピ族、アパッチ族、スー族、ダコタ族などの北米の先住民族の大部分が、ナワ・アステカ人と関係があるか、またはその子孫だと言われていることです。彼らの宗教、図像、言語はとても似ています。アパッチ族はメキシコや中米のナワ族と、あまり問題なくコミュニケーションをとることができます。そのことはアストランにおいて、これらの民族には相互的な結びつきが存在したことを示しています。したがって、この発見はメキシコ人にとってだけではなく、アメリカ大陸の大多数の先住民にとっても重要であると言えます。

〔図8〕古代にアストランで起きた多文化合流を表した他の例。左上の写真は北米の先住民が完璧に彫られた遺物です。この衣服はメソアメリカのものではありません。右上の写真はアステカ暦ですが、鷲がとても異なっています。北米の文化と混ざり合ったものかもしれません。下の写真は、オルメカ人の頭部と〈アステカのエリート戦士団である〉鷲の戦士に相当します。チャルチウィタトルという白翡翠で施され、前者はオルメカ人、後者はアステカ人を代表するものです。

〔図6〕

〔図7〕

ここで、調査全体の礎石と、2000年にナウィ・オリン協会が組織された理由について言及したいと思います。セロ・デル・トロで埋まっていたこの遺物〔図9〕が発見されたのが始まりです。重機が岩全体を砕いた際、驚くことに、残った断片が中央の最も重要な部分で、アステカ暦の祖父である「ウェウェトナルポワリ」に相当するものだったのです。このガラス彫刻は金属で以って施されたものではなく、摩擦や既存の道具で施されたものでもないため、その彫刻技術は今日まで解明されていません。水晶は鋼の3倍硬いため、この謎を解くことは、スペイン植民地以前の結晶学を研究する専門家たちにとって、挑戦となるでしょう。

もう1つ言及したいことは、芸術的で歴史的なこの素晴らしい遺物〔図10〕が、モレロス州ソチカルコにあるケツァルコアトルのピラミッドの場面を思い起こさせることです。ピラミッドには、異なる民族の賢人3人が刻まれています。石材芸術の師匠であるトルテカ人の子孫のテスココ人、アステカ人の子孫であるメシカ・テノチティトラン人、長い旅をする賢人で、頭上の装飾からマヤ人だと思われる人物です。この写真の遺物では特に、左側の話をしている賢人がアステカ人で、右へ向けた小さな棒（注）は知識を表していると推察されます。真ん中の賢人はトルテカ人に違いありません。頭上に異なる装飾を施し、旅をしているのはマヤの賢人です。彼らは知識を交換し合い、アステカ暦をより良いものにするために集まっています。協会の遺物全てに見られることですが、アステカ暦はその内容と時の区分において進化しており、驚くばかりです。シンポジウムや会議というのは現代的だと思いがちですが、既に太古の昔から、ここアストランで開かれてきたのです。メキシコの南東部から中央部までの距離を旅したとは、なんということでしょう。

(注)小さな棒：音あるいは言葉を表すために使われるシンボル

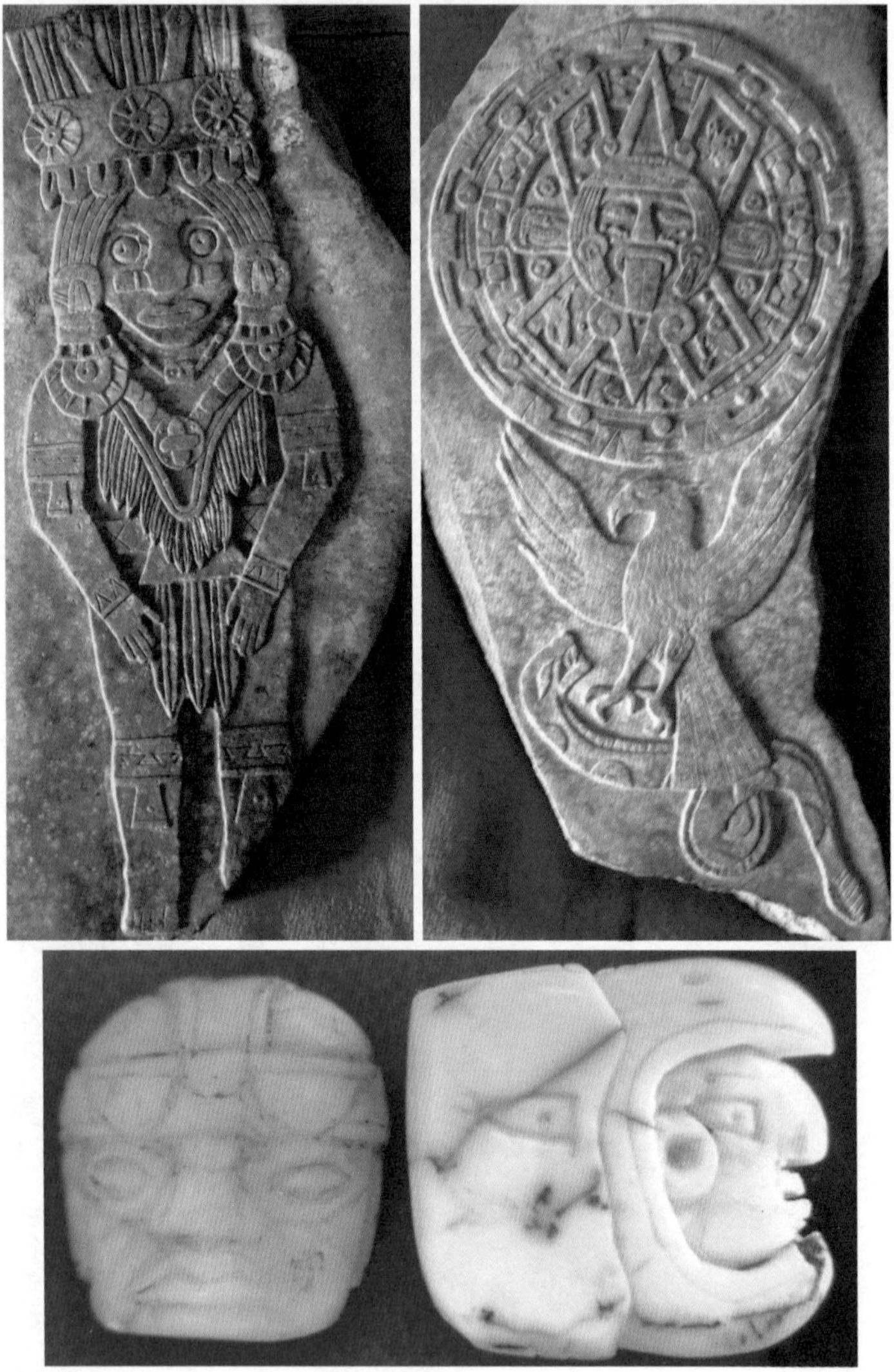

〔図8〕

〔図9〕

〔図10〕

Part 1

打ち砕かれた文明発祥の起源
《アステカ世界》への誘い

メソアメリカ文化の母は、アステカ

アステカの世界について話すことや知ろうとすることは、決して容易ではありません。とりわけ、信頼性のある歴史資料が失われているので、とても議論の多いテーマなのです。私たちは、先住民族の歴史資料の中に信頼のおける情報源を見いだしました。

それは先コロンブス期、スペインによる征服期と征服後に分けられますが、修道士ベルナルディノ・デ・サアグン師のようなスペイン人の資料も忘れていません。彼は先コロンブス期の先住民の生活、特にアステカ人の生活について、力の限り編纂した人物です。彼は先住民族の生活についていくつかの本を著すに至りましたが、彼曰く、それはアステカの生活、習慣、宗教のほんのさわりに過ぎず、スペインによる征服でもたらされた非合理で残忍かつ大規模な破壊に鑑みると、自身が蘇らせることができたのは最小限のみでした。

ここで言っておかなければならないのは、征服前の先住民の資料がほとんど残っていないことです。あるのは疎らな断片だけで、先住民族の知識や生活についての資料は有害なものであるとして抹殺され、消え去られました。すなわち、アメリカ大陸にやって来て、様々な未知の文化と遭遇した征服者たちにとっては、完全に悪魔の文化だったのです。

この文化的および宗教的衝突は、両者にとって全く当惑させるものでした。思い起こして下さい。ヨーロッパ人の生活や習慣はカトリック教に従っていて、カトリックの書に述べられていること以外は全く何も受け入れられませんでした。したがって、新しい文化との遭遇やそれとの対立から、ヨーロッパ人としては、先住民族の知識を全て完全に消し去るべきという結論に至りました。征服後、身分の高い先住民はスペインの修道院や学校で教育を受けましたが、もし母語のナワトル語で話しているのが見つかると体罰を受けました。

その1つの例が医療です。「ティシトル」と呼ばれるアステカの医者は、身体の治療を施していただけでなく、病を治すために、薬草、カイロプラクティック、そして外科手術さえも用いていました。体の身体的側面のみならず、各人には3つのからだがあり、それらの調和が取れていなければならないという概念を持っていました。なぜならば、各人の健康、強さ、および行動はそれに依存しているからです。子どもの頃から、身体と内面を健全に保つようにと、それが健康を左右すると教えられてきました。

また、アステカ人は3つのからだのエネルギーをアラインメント、つまり調和させることなしに、重要なステップを踏み出すことや、決定的な行動を取ることはありませんでした。例えば、出産を始める女性は、まず3つのからだを調和させなければなりませんでした。戦場に向かう戦士たちも同様でした。戦士たちは、自身の任務を成し遂げて勝利が得られるよう神へ祈り、その祈りを通して、踊りや瞑想を行いました。このように、アステカ人の間ではシャーマニズムがまさに機能していました。それは、アステカ人が営んでいた医学校で教えられる知識とともに、日常のならわしとなっていました。軍医学校の起源はアステカ人にまで遡るのです。

今日においてもなお、アステカ、あるいは古代メソアメリカのどの文化であっても、その生活様式や行動を知ろうとすることは、私たちにとって衝撃的です。なぜなら、これらの文化では、各人の内面について大きな理解に至っていたからです。つまり、精神的および霊的本質についての理解や人の思考力が、完全にヨーロッパの文化や宗教に優っていました。

人間と自然との相互関係における理解についても同様でした。例えば、アステカ人が生まれた子どもたち全員の将来を知る方法を知っていたということを受け入れるのは、現代の私たちにとって容易ではありません。しかし、アステカの世界ではこれが起きていました。子どもが生まれるたび、司祭に報告され、3人の司祭が新生児の家を訪れました。アステカの司祭たちは、各新生児のホロスコープを作成し、その子の将来や使命、星回りを占う役目を担っていました。今日の私たちはもはや、虫の知らせや予知を認める余地を残していません。

社会文化的な対比の別の側面を、スペイン人の年代記作家、ベルナル・ディアス・デル・カスティリョの関係書簡に見ることができます。彼はこう書いています。「これらの土地の者たちが、貨幣としてある種子を使っていることは、驚くべきことです。種子は食べることができ、様々な形で利用でき、とても活力を与えてくれるので、彼らの間で非常に価値あるものとされています。」これは、アステカ人が通貨として使用していたカカオ豆のことを指しています。

実際にこの記述は完全に正しく、この種子は様々な形で用いられていました。例えば、食糧、贈り物、貢ぎ物などとしてです。また、メソアメリカの多くの古代文化では、医療でも利用されていました。このように、対照性は1つの側面においてだけではなかったことに気付きます。スペイン人たちは、当時のスペインの宗教によって慣れ親しんだものと合致しない、より広くて粗削りな知識を有した文化に遭遇し、これらの文化の進歩を受け入れることも、理解することもできませんでした。そこで、この知識を「悪魔が彼らに吹き込んだ悪い魔術」と捉え、これらの文化の知識と技術を全て抹殺しようとしました。

文化的な相違について、この事実をお話しします。（「赤いトマト」と悪く呼ばれる）ヒトマテ〈メキシコでは、「トマト」と言えば緑色のトマトを指し、「ヒトマテ」は赤いトマトを指します〉はおいしい果実であり野菜ですが、征服後１００年以上の間、メキシコの食卓では禁止されていました。ヒトマテはアステカ人の間では大変価値がありました。味が良く栄養もあり、水分の供給源でもあるので、様々な形で食されていました。ところが、アステカの皇帝モクテスマがスペイン人たちを宮殿へ招いて催した初期の祝宴で、料理の一部としてヒトマテが並べられました。するとその瞬間、スペイン人の１人が、赤くて丸い実を見て、あざけるような口調で、または驚きから、「見ろ。悪魔の睾丸だ!!」と発言したのです。鮮やかな赤色とその丸い形を指していました。そして、宮殿まで招待客に同伴していた祭司たちが、ヒトマテを食べることを禁じました。その後１００年以上の間、禁止されたままでした。現在の私たちにとっては、これは全く馬鹿げたことです。私たちのおいしいヒトマテは、今や世界中で消費されているほどですから。

征服者たちの間で受け入れられなかった、もう１つの文化的特徴は予知でした。当時、占星術を専門とした司祭がいて、多くの古代文化と同様に、天体を読み解いて、それにしたがって、人が活動するための正確な時を知ろうとしていました。未来を予言することも試みられていました。これは科学的に認められた学問ではないので、今日においても大きな議論を呼ぶ行為でしょう。しかも、金儲けや邪な目的を持った多くの人が、自己の目的を達成するために占星術を利用したら、アステカ人にとって、個人および集団におけるほぼ全ての活動に欠かせなかったものを侮辱することになります。

アステカの世界では占星術が用いられていました。新たに生まれた子はそれぞれ、生活やアステカ社会において場所を占めていました。そして、「トナルポウケス」と呼ばれる司祭3人が、子どもの家族の家を訪ね、ホロスコープを作成していました。

最も顕著な例は、私たちから悪く見られ、悪く記憶されている〈スペインによるアステカ帝国征服に貢献した裏切り者として知られている女性〉「マリナリ」こと、マリンチェの人生です。マリンチェというのは、彼女のナワトル語の名前をスペイン語化したものです。彼女の元の名前は、破壊する悪い草を意味します。より分かりやすく説明すると、彼女が生まれたばかりの時に、将来アステカ帝国滅亡の原因の一部となるだろうことを、彼女の名前は示していたのです。彼女は8歳か9歳くらいの時に〈メキシコ、ベラクルス州の先住民族である〉トトナカのポチテカたちに売られるか、または贈られました。ポチテカとは交易者で、ゴムの地、すなわち現在のタバスコ州へ向かっていました。その後、彼女は奴隷として売られ、現在のカンペチェ州に行き着きました。そこでマヤ語を学びましたが、それに先立ち、彼女は既にトトナカ語を習得していました。スペイン人たちがマヤの村を通った際、彼女は他の少女たちとともに、マヤ族の首長からの贈り物としてスペイン人たちに与えられました。残りの歴史は既に知られています。彼女は生まれ故郷へ戻り、メソアメリカ全体の征服において非常に重要な役割を果たしました。征服者のエルナン・コルテスの伴侶となり、息子を1人もうけました。

もう1人、歴史上の人物で思い出すのがアステカ帝国の最後の皇帝、クアウテモックです。彼の名前は「落下する鷲」を意味しています。鷲はアステカ帝国を象徴しており、実際、彼はアステカ帝国に君臨し、最後には滅亡に至りました。また、滅亡したまさにその年、1519年に東からやって来る人々についてのアステカの予言を挙げることもできます。皇帝モクテスマは、帝国と彼の人生が終わりに近づいていることを既に知っていました。

アステカ人の生活や科学における別の側面は、ヨーロッパ人にとっては未知な方法で、外科的、医学的処置を行っていたことです。ヨーロッパ人たちは、アステカの医学校で養成された医者がいたという事実を受け入れませんでした。その医者たちは「ティシトル」と呼ばれていました。征服前の時期から既に、アステカの医療において専門家が存在していました。婦人科系の病気や出産の対応についても、知識や経験が女性たちに引き継がれていました。骨や筋肉の疾患を専門とした医者もいて、「テオミケツィン」と呼ばれていました。これは、死者の王国である冥界へ旅した「ケツァルコアトル」にちなんだ名前です。彼は冥界で人の骨を盗み、より優れたアステカ人の新しい世代、霊的で完全な人類を作ろうとしました。このことから、アステカ人は骨を非常に重要なものとみなしました。特に、巨人「キナメツィン」のような古代人の骨に重要性を見いだしました。

〔図11〕議論の多い写真。スペインによる征服以前の指導者によって用いられていた権力の笏だと私たちは考えています。右の写真には、脛骨と呼ばれる骨に彫刻が施されているのが見られます。人骨の特徴を有していますが、人間の脛骨の2倍を少し超える大きさです。おそらく巨人「キナメツィン」の脛骨だと思われます。アステカ人は巨人を2番目の太陽、つまり約2万年前のものと位置づけています。

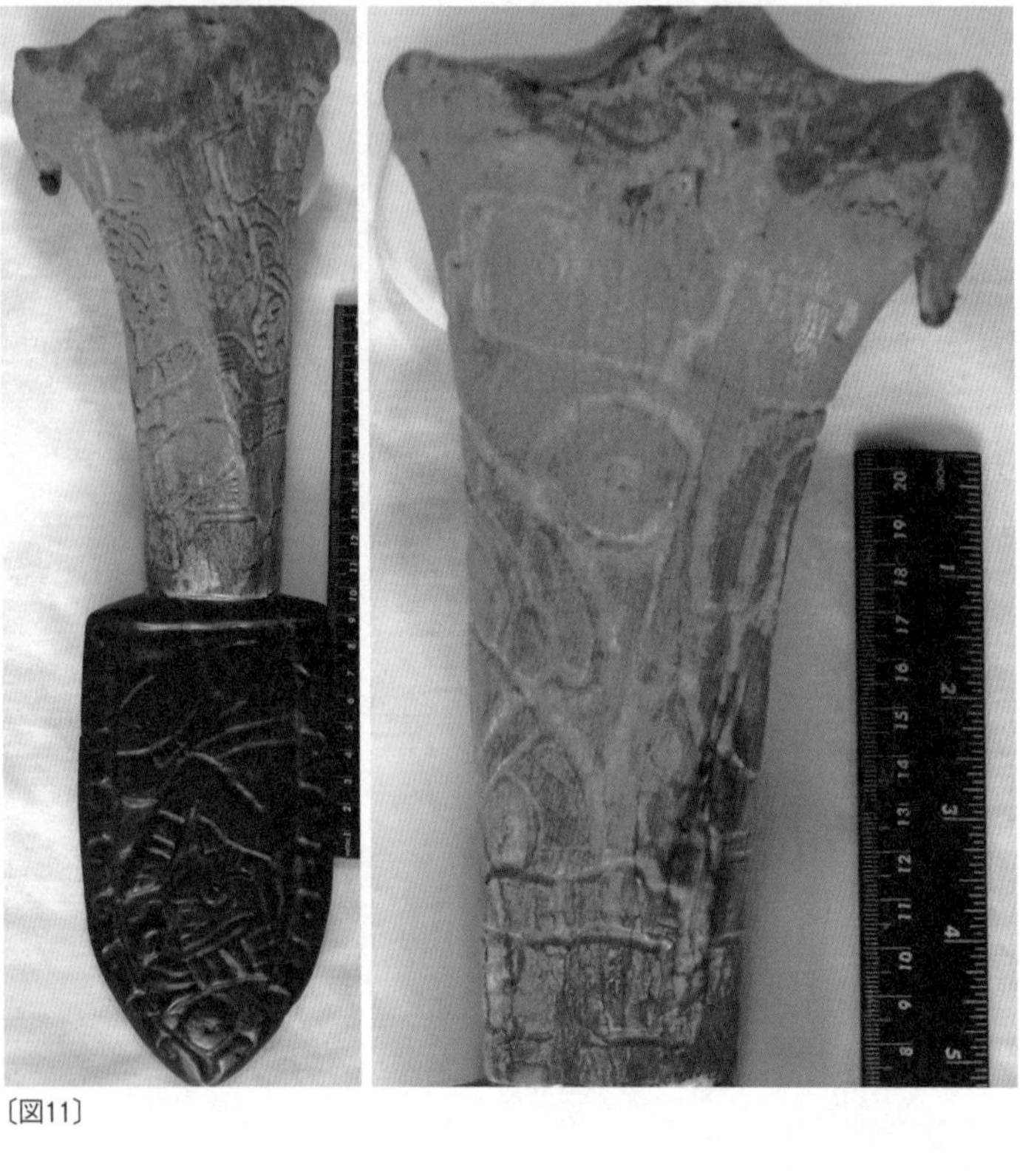

〔図11〕

外科医は「テショショトラニ」という名で知られており、外科用器具として主に黒曜石を用いていました。黒曜石はとても重要な火山岩で、古代メソアメリカの文化では様々な用途で使われていました。黒曜石の採掘、取引、流通は、アステカの国家によって注意深く監視された商業活動でした。黒曜石の刃は全ての創造物の中で最も鋭いことが知られています。現在、8か9ミクロンの刃を製造することが可能ですが、黒曜石の刃はたった6ミクロンです。そのため形成外科医の中には、正確にメスを入れ、傷跡ができる限り目立たないようにするため、再びこの石のナイフを使い始める者もいます。このように、古代に使用されていた物が再評価されています。

アステカ医学の別の文化的側面は、歯科作業を行った世界で初めての文化だったことです。審美目的だったか治療目的だったかは分かりませんが、歯科作業が行われた頭蓋骨が多数存在しています。そして、様々な鉱物の結晶が使われていました。例えば、翡翠、トルコ石、水晶、石英です。

別の謎は、水晶で作られた、いわゆるアステカあるいはマヤの骸骨が本物であるかどうかを解明しようとすることです。私たちのようにこの2つの文化を調査してきた者にとって、調査のたびに驚きが現れます。美的および構造上の視点から、完璧な巧みさで白翡翠に細工された遺物があります。彼らは人類最高の最も卓越した彫刻家に値します。白翡翠に施された遺物が1点だけでなく、たくさんあるのです。同様に、インペリアル・ジェイド〈高品質の緑色の翡翠〉で作られた首飾りで、長さ10～12㎜、幅5～6㎜で、厚さがほんの1㎜の極小の板が付いているものがあります。並外れているのは切り口ではありません。この四角い部分に口径わずか1㎜の穴が含まれていることです。そして最も驚くべきことは、この穴の周りに同心の、太陽神「トナティウ」のシンボルである円がかすかに見られることです。現在私たちが知っている通り、アステカ暦にはこのシンボルが繰り返されています。そこで疑問が生じます。「どうやってこんなミリ単位の板を加工したのか。こんなに硬い物質に、どのように極小の穴を空けたのだろうか。」

〔図12〕厚さ1㎜のインペリアル・ジェイドの板でできたミリ単位の遺物。口径1㎜未満の穴が見られます。この物質のカットと開口は驚きですが、穴の周りに同心の円が施されているのが見て取れます。鋼鉄より3、4倍硬いこれらの物質を加工するのは匠の技と言えます。下のメモリはミリ単位です。

もう1つの謎は、私たちが唯一、太陽の石の祖父を意味する「ウェウェトナルポワリ」という名前を付けた遺物です。この遺物の主成分は赤色の花崗岩です。アステカ暦の始まりが完全に刻まれていて、緑色の水晶に施されています。粗野な形で最小限の要素しかありませんが、謎の多い私たちのアステカ暦の前身であることは間違いありません。しかし、これには金属製の道具が使われた形跡がありません。この古代の技は驚くべきもので、まるで蠟に刻まれたかのように、線にも対称性にも狂いはありません。比類のない芸術性からは、金属製の道具も圧力も使われずに彫刻が施されたのは明らかです。どのようにして水晶に模様の誤りも欠陥もなく、彫刻することができたのでしょうか。

太陽の石、すなわちアステカ暦について話をする際、明確にする必要があるのは、アステカ人たちの社会的および宗教的生活を司っていた暦は、太陽暦、太陰暦、常用暦の3つだけではないということです。技術が進歩してコンピューターがあり、天文学も進歩した私たちは、アステカの知識のほんの基礎も理解あるいは解読できなくなりました。そのため、アステカ暦が銀河の暦であり、2万5000年以上前の人類の記録であると知ることは、私たちにさらなる驚きをもたらします。

アステカ文化は、古代アメリカ大陸における人の定住の初期段階で発達したので、アステカ暦が大変古いであろうことは容易に理解できます。このように断定できるのは、初期のアメリカ人として定住した人たちの、非常に古い集落跡が発見されたからです。現在のサン・ルイス・ポトシ州にあるランチョ・デル・セドラル、ラ・ペラ洞窟で2万7000年前の地層から人の足跡が見つかったのです。

そこで、想像してみましょう。当時この場所では、ライバルがおらず、他のグループとの競争もありませんでした。時の経過とともに途切れることなく文化は継続したため、地球規模での大災害の記録がなされました。天変地異レベルの世界的災害が起きてきたことは、私たちに

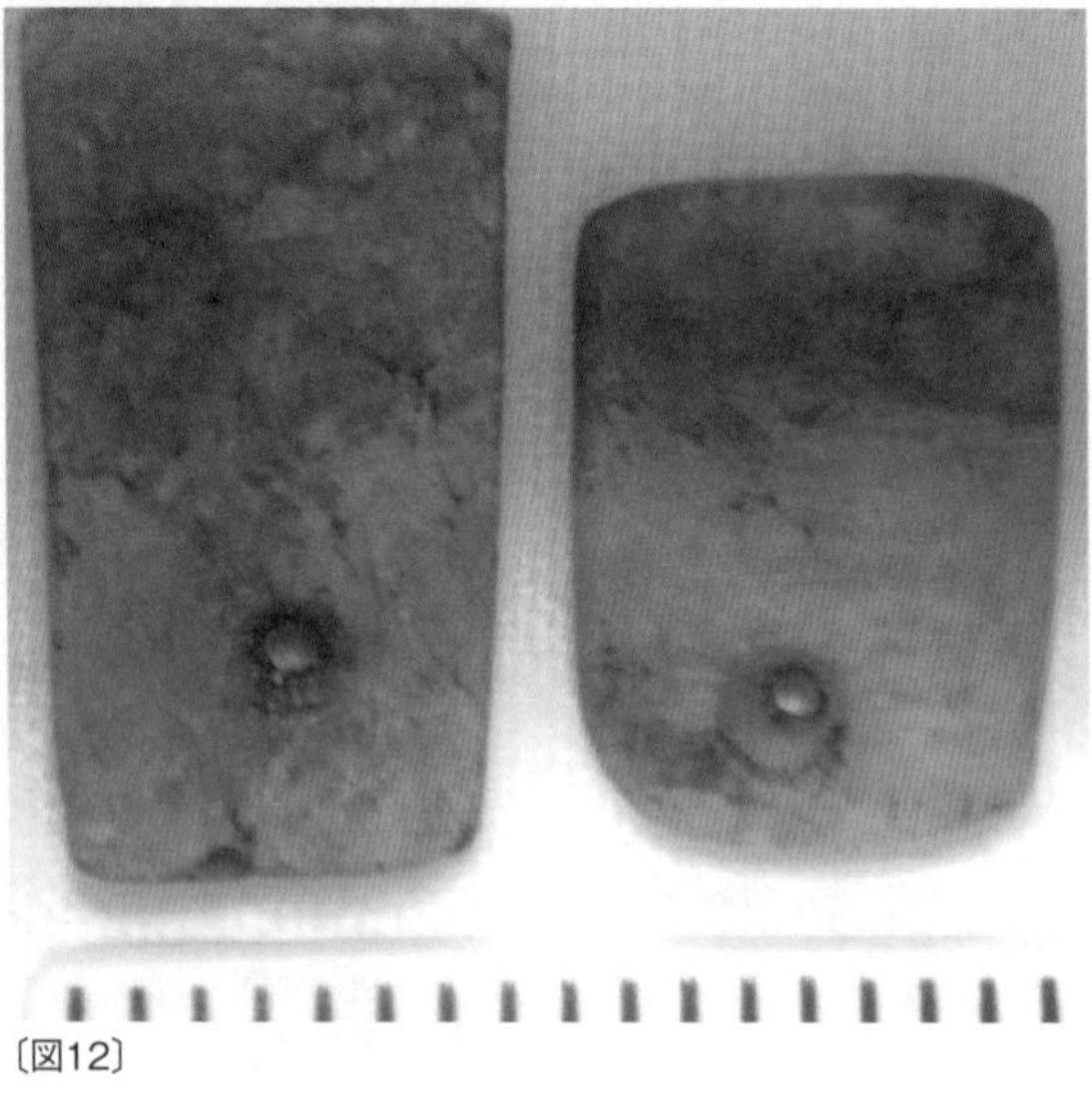

〔図12〕

とって受け入れ難いことです。しかし、アステカ暦では、太陽すなわち人類の時代は約5126年〜5200年続きますが、これは私たちの銀河のブラックホールのエネルギーの渦が地球に接触するのに要する時間と同じなのです。

過去の最後の時代については、アメリカ合衆国のオハイオ州立大学において、古気候学専門の科学者によって既に確認されています。世界の主要な氷河や極冠の氷塊を調べたところ、約5200年前に天変地異といえる規模での世界的な気候変動が起きていたことが認められました。アルゼンチンのパタゴニアやチリの氷河では、気候変動が急激に、ほんの数日の間に起きた可能性があると確認されています。これは、現在私たちが持っている世界的気候変動の概念とは矛盾するものです。

約1万1000年前〜1万年前に世界的な気候変動が起きたことを考慮すると、これは、最終氷期の終焉だったと推論されます。最終氷期の終焉の結果として、世界中で洪水が起きたと考えられます。これらは実証するのが困難な推測あるいは理論です。科学的に確証されたのは、それが5200年前の最後の気候変動だったということです。今日まで地中海やインドの沿岸、また中東においてさえも、水没した都市が発見されています。

それでは、太陽の石、すなわちアステカ暦の話に戻りましょう。もしアステカ暦に最後の気候変動や、それ以前、最後から2番目の変動の証拠が見られるとすると、この一枚岩でできた驚くべき私たちの暦は、他にどんな知識を含有しているのかと自問するべきです。

アステカ暦とマヤ暦はとても正確ですが、アステカ暦の方がマヤ暦よりも古いという見解において、私たちはアステカ文化を専門とする考古学者に同意しています。どのようにしてこれほどの天文学的正確性を得られたのか、どうやって私たちの銀河の中心のエネルギーの渦を知ったのかに関して、この暦は謎です。

本書に述べられたこれらの概念は全て、16年間にわたって現地調査を行い、植民地化以前の重要な私たちの文化の足跡と手がかりを追跡してきた結果です。私たち、ナウィ・オリン協会のメンバーは、時が経つにつれ、メソアメリカ文化の母はオルメカ文化ではなくアステカ文化であって、オルメカ文化はアステカ文化とアフリカのエジプト文化の融合であるという新しい概念が、受け入れられてゆくだろうと確信しています。

太古の昔にこれらの地にやって来たエジプトのファラオたちは、初めこの地ではとても起こりそうにない文化に属していたことでしょう。しかし、中国文化も古代にこれらの地にたどり着いていました。このことは、商王朝〈殷王朝とも呼ばれる〉の文字を専門とする中国人言語学者が行った、オルメカ文化の翻訳によって確認されています。つまり、商王朝の時代、中国人たちが有史以前の私たちのメキシコにいたのです。オルメカ文字を翻訳することができたのは唯一、先述の言語学者です。彼は古代メキシコにおけるオルメカ文化の詳細な知識を有していないにもかかわらず、翻訳の中で、メソアメリカの人物や場所について語っています。

ここまで述べてきたように、私たちの調査の各過程で、常識を超えたことや出来事が明らかになります。古代のアストランをテーマに続けます。北部のメソアメリカ文化の人物が存在したことを、疑いの余地なく表している遺物が発見されてきました。具体的には、アパッチ族、スー族、ホピ族、シャイアン族、ダコタ族、ナバホ族、イロコイ族、ショショニ族、コマンチェ族です。初め、どうして北米先住民族文化の人物像が、メキシコ共和国の現在のハリスコ州にいる私たちの目の前にあるのか、理由が分かりませんでした。

そして答えを見つけました。これら北米先住民族の言葉は全て、ナワトル語に由来していることが判明したのです！！！　この発見は驚きではないですか。

しかし、これは実際には秘密事項ではなく、1885年のレミ・シメオン著『メキシコ・ナワトル語辞典』に、これらの言語はナワトル語に由来することが既に書かれています。環は閉じられ、現在のアメリカ合衆国においてアステカ文化の証拠が存在しています。それは考古学的遺物だけでなく、言語や習慣といった文化面においてもです。例えば、ホピ族は文化的にナワ族に起源があります。彼らの予言は同じもので、時の区分も同一です。

既に私たちは、アステカ文化が各過程で驚きをもたらすのを目にしてきました。私たち、ナウィ・オリン協会の会員は、私たちが踏み入れている初期の知識はとても滑りやすい領域で、私たちは間違っているかもしれないということを、受け入れて支持したパイオニアです。しかし、私たちの見解は、何年にもわたる調査および現地探索で発見したことに基づいています。驚きは終わりません。幾千年にもわたる文化的広がりを扱っているのです。私たちは、アステカ人という起源である原初の1つの民族に始まった、太古の未知なる文化の前にいます。それが後に、子孫である9民族にまで分化しました。それでは、とても広大な地理的領域を想像してみて下さい。とりわけ、増加する人口を養うのに必要となる自然要素に富んだ、大変肥沃な土地を考えて下さい。太古の時代には、狩猟、漁、採集で暮らしていたので、たった1つの村であっても広大な土地が必要でした。したがって、Google Earth のプログラムを使って確認できるように、それは偉大なアストランの湖、すなわちメスティカカンのことだと私たちは考えています。メスティカカンとは、「月の神殿の湖」を意味します。このように現在のテクノロジーは、私たちの理論を支持するための助けとなってくれるのが分かります。

他に考慮すべき点は次の通りです。生活、宗教、および習慣についての私たちの概念は、いくつかの点においては似ています。しかし他の点においてはとても対照的で、特に魂や精神に関する概念においてはそうです。

私たちの大多数は、日常生活において魂や精神を重要視していません。しかし、アステカ人たちにとっては大変重要なものでした。例えば、嘘をつかないこと、国のためや神々に仕えるために生きることも重要でした。これらの点で、現在の私たちと彼らとは非常に対照的です。私たちはお金のため、物質的なもののために生きています。古代の人たちは霊的、神的世界のため、自分の国に仕えるために存在していました。

そして、この対照性が大きいことと、メソアメリカ文化が全体的に失われたことが、結果として、彼らが集団奉仕への価値および献身や、宗教的戒律への服従に重要性を与えていた頃の彼らの日常生活の多くの側面について、私たちは単なる民衆の幻想として概念化しているのが分かります。

具体的には、アステカ文化は何千年も前のもので、世界最古の文化である可能性があります。そして、その知識の蓄積は、〈スペイン人によるメキシコ〉征服により失われました。私たちがアストランだと目しているこの場所で、私たちの国メキシコの歴史を変えるかもしれないだけでなく、世界中で反響を呼び起こすであろう、予想もしなかった側面を見ていきましょう。私たちは、前言が思い上がりだと分かっています。しかし、発見された事実は私たちが主張していることに関係した客観的な情報なのです。だからこそ、私たちの国に全方位から、そして宇宙からさえも訪問者がやって来たということを受け入れています。そこで、続いて私たちが確証できることを見ていきましょう。

もし前述のことが受け入れられないなら、私たちが「テオシントレ」と呼んでいるこの土地固有のトウモロコシをご紹介しましょう。これは何ヶ月もの保存に耐えるので、大洋横断の実現を可能にし、世界の歴史に影響を与えた穀物です。メキシコ、ハリスコ州オフエロスにあるセロ・デル・トロで見つかったテオシントレをご紹介しましょう。この穂の粒を撒くと腐って発芽しないので、現在のトウモロコシのように栽培することはできません。この穀物は野生の形でしか育ちませんが、それだけでなく、その土地の考古学的遺物の間にも発見されています。

〔図13〕次ページの写真はセロ・デル・トロで自生の形で発見された小さなトウモロコシの穂の写真です。

右上の写真には、守衛のいる聖なる洞窟が見られます。このメダルの中央部分、アストランの丘の図の中、および丘の上部に、植物のトウモロコシの表現が見られますが、テオシントレである可能性が高いと思われます。

右下の写真は同メダルの表面です。石や鉱物結晶の寄せ集めですが、表面は滑らかで、異なる物質の間の繋ぎ目が感じられません。まさに傑作です。


導入部分で述べたように、この場所は監視され、できる限り保存されるに値します。既に乱暴な形で略奪されてきましたが、それを阻止する機関がありません。これは私たちの国における、悲しく残念な事実です。

〔図13〕

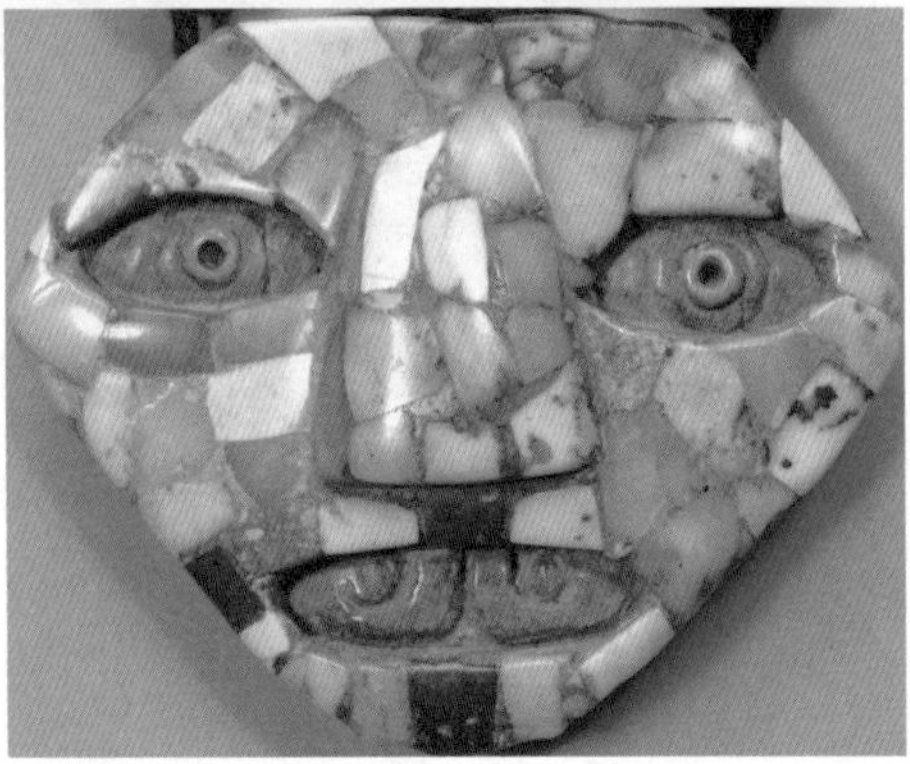

〔図14〕セロ・デル・トロだけでなく、メスティカカンの湖の地域でも起きている略奪を明らかに表している写真。多くの場合、骨はゴミのように野ざらしの状態で放置されたままです。遺骨とともにあった供物の遺物や、各遺体の特徴的なものだけが奪い去られます。これは私たちの歴史の連続性が失われる、非難されるべき事実です。その上、これは私たちの祖先に関することであり、少なくとも最低限の敬意を持って遺骨を扱うことを、よく考えなければなりません。

〔図14〕

Part 2

アステカ人の根源の地、アストランの発見

続々と集まるアストランの証拠

現在に至るまでの調査活動で事実がどのように起きたかを、今から余すところなく見ていきましょう。これからの方が面白いと思います。

人生の全ては私と私の家族にとって、良くも悪くも関連した出来事の連続です。私は1998年に、アカプルコに地域軍病院の設立が準備されていることを知りました。これは良い出来事だったと思います。私はそれを知った時、大変喜びました。なぜなら、病院は必要でしたし、私の知る限り、同僚が増えるからです。さらに嬉しいことに、最初にやって来た医師、軍医学校のマウロ・ソト・ガナドス博士は私と同年代でした。こうして軍病院は設立が完成しました。

その後、他の軍人たちが到着しました。ある日、私が診察室でいつもの通りに仕事をしていると、軍病院の初代院長、マウロ・ソト・ガナドス博士が、他の軍医、フランシスコ・ハビエル・ゴンサレス・マシアス博士と共にやって来ました。その時は知る由もありませんでしたが、これが私の人生と、人生に対する見方を変える出来事となりました。

患者たちへの理解に努めながら連携して働いた結果、軍病院の医師や他の職員たちとの親交が増しました。そこで、私の家族の写真と私たちの個人的な経験を踏まえ、私は彼らに、確証するのが困難で信じ難い経験をしたと告げました。彼らの内の1人、ホルへ・ポラス・オルグイン博士は、そんなはずはないと否定し、物質以外、科学的に証明できる物以外には何も存在しないと論じました。そこで、私は軍医の同僚たちに、説明のつかない光が写っている家族の写真を見せました。私は一番懐疑的な彼に、この光は何であるかを尋ねましたが、彼は答えられませんでした。すると、現在も外傷医であるフランシスコ・ゴンサレス・マシアス博士が写真をじっくり見て、答えはないとコメントしました。

その後、私は彼の父親、フランシスコ・ゴンサレス・エルナンデス氏と知り合いました。そして彼らは私を、彼らの故郷、オフエロス・デ・ハリスコへ連れて行ってくれました。これは1999年の出来事でしたが、私は、丘が隣接した、美しく謎めいたこの場所を知って以来、この土地に魅了されたままです。なぜか分かりませんが、その時以降、私の心はこの場所に鎖で繋がれているかのようです。本当に捕らえられているのです。しかし、悪い意味でではありません。住民たち、主に、ファン・アロンソ氏、サルバドル・ドミンゲス、ロへリオ・トレス氏の家族を通して学んだことによって、強く結ばれているのです。

また、オフエロスの人々が非常にホスピタリティに富んでいることが見て取れ、これら全てのおかげで、私は家にいるかのような心地よさを感じました。

私たちの友人、フランシスコ・ゴンサレス・マシアス博士が休暇を利用して実家に帰省した際、私も誘われ、同行しました。とても快適な滞在でした。この旅で私たちが最初に発見したのは、略奪されたアステカ女性の墓で、死因は頭蓋冠を貫通した小さな弾丸でした。彼女は何人か子どもを産んだ後、若くして死亡していました。この骸骨は身長約1・85mで、栄養状態は良好でした。これは、私たち2人の医師がただちに骸骨の特徴を分析し、分かったことです。

〔図15〕これらの写真は、私たちにとって重要なものです。当時は、この場所あるいはアステカ人に関して足を踏み入れることが、何をもたらすのかを知りませんでした。この頭蓋骨を見たことが私たちに団結をもたらしましたが、団結することが私たちにとって必要でもありました。

左上の写真は、オフエロスへの探索旅行に初めて行った時の一行で、左から右へ、ファン・アロンソ・セルナ氏、私、サルバドル・ドミンゲス、ファン・カルデナス・

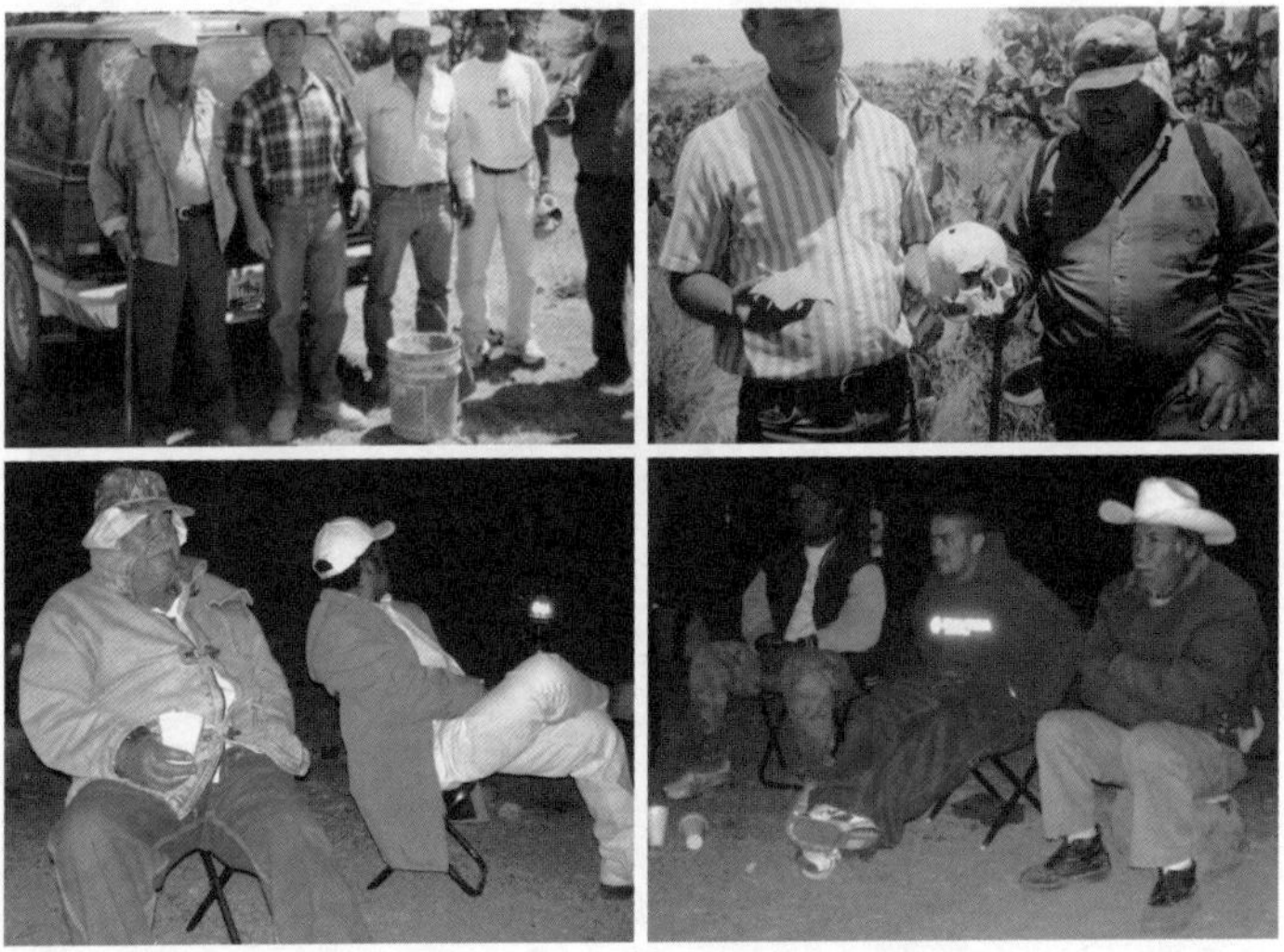

〔図15〕

モンタニェス、フランシスコ・ゴンサレス・エルナンデス氏です。フランシスコ・ゴンサレス博士とその夫人はカメラの外にいました。

右上の写真では、フランシスコ・ゴンサレス・マシアス博士とその父上のフランシスコ・ゴンサレス氏が、1999年10月当時に発見された頭蓋骨を見せています。その頭蓋冠には死因となった弾丸が見られます。骨折の端を分析したところ、生理学的に修復が始まった形跡はありませんでした。

下の写真は、調査を続けるために丘を巡った時の様子です。毎回、私たちの理論を裏付ける要素が見つかります。ご覧の通り、私たちは一般の人間、隣人であり、科学的知識や大した資源は持っていません。しかし、みんなの意気込みが、これらの不足や、疲労、寒さ、過酷な太陽や雨などの大変さを補っていました。この調査活動のために団結することは、私たち全員にとってこの上ない幸せでした。

最初に訪れた時から、私は多くの人が様々な文化の遺物を所有しているのを見てきましたが、そのことが私の好奇心をそそりました。私の目の前にも、蔑称で「レッドスキン」と呼ばれるアメリカ先住民族文化の遺物が数々ありました。自分の手に取って観察しましたが、これらの遺物はとても離れた文化のもので、オルメカ、ミステカ、テオティワカン、トルテカ、とりわけアステカとナワのものでした。また、アパッチ族、スー族、ナバホ族、シャイアン族の文化の遺物も見られ、ダコタ族のものも含まれていたと思います。当時の私には、中央アメリカやアメリカ合衆国の北部といった、こんなに離れた場所の文化の象徴がなぜ私の前にあるのかを理解できませんでした。

〔図16〕これら5つの写真をご覧になって、この魅惑の土地への驚きとともに、「どうして北米先住民族を表すこれらの遺物がここに存在するのか」と感じられるでしょう。

左上の写真はヘフェ・アパチェに相当します。

右上の写真には、これらの文化特有の住居、ティピが表されています。スー族の頭領だと思われます。

下左の写真は、スー族の乙女あるいは女性祭司だと思われます。

下中の写真は、アステカのものではありません。頭部の飾りから北米先住民族だと思われますが、種族は不明です。メスカレロ・アパッチ族かもしれません。

〔図16〕

下右の写真は「カカストリ」を背負っている妊婦です。カカストリとは背に担いで物を運ぶための箱です。また、この女性はほぼ妊娠末期です。装いはアステカのものではありません。

当時、私にはこれらの文化に関する経験は全くありませんでした。しかし、私たちの大陸北部の古代文化が全て1つの場所に集結しているのは、私にとって驚きでした。なんとも非論理的でした。その時目にしたものは、つじつまの合わないものでした。とはいえ、最も衝撃的な出来事は、私が2回目にオフエロスを訪問した際に起きました。私の人生を完全に変えたものでした。多くの人が同じことを言います。しかしながら、これからお話ししますが、本当にこれは人生において想像を超えたことなのです。

私が2度目に訪れた時は普通でした。とはいえ、フランシスコ・ゴンサレス氏の友人や隣人が持ってきた遺物を感嘆しながら観察していたところ、中でも私の注意を最も引いたのは、異なる図像のアステカ暦が多数あったことでした。粗野なものから、文化期によって、益々洗練されていったのが見て取れました。したがって、初期の、最も簡素なものはとても古いと推論されます。一番私が関心を持ったのは、4つの太陽が刻まれた遺物〔図17〕です。私はそれを見て驚嘆しました。「私が手に持って見ているのは、4番目の太陽なのだろうか」と。

「もしそれが5000年以上前のものだったら」と考えると、いまだに信じられませんが、そこに遺物があるのです。私は当時既に、アステカとマヤの文化では創造を5つの太陽に分け、各太陽が5000年以上続いたことを知っていたので、件の遺物に衝撃を受けたのです。

少ししてからファン・カルデナスが到着し、挨拶と紹介の後、史料、とりわけ他の人たちが持ってきたアステカ暦の遺物を観察しました。すると、彼はセロ・デル・トロの丘〈セロは丘の意味〉で、ある遺物を見つけたと私たちに告げました。それはアステカ暦のようでしたが、とてもシンプルで、緑色のガラスでできていました。そして私たちは彼に、それを見に翌日丘へ連れて行ってくれるよう頼み、彼は同意しました。この日はこのように過ぎただけでした。

翌日私たちは丘へ向かいました。ファン・カルデナスが案内してくれた場所に着くと、そこは丘の西面の約半分のところにある斜面でした。ファンは到着して、通行用の小道を平らにするために重機で土地が改変されていることに気付きました。彼は人工的にならされた場所に遺物を置き去っていたのです。彼は、重機が遺物を壊してしまったと言って、憤慨しました。遺物の破片がいくつか見つかり、彼の言葉通りだったことが確認されました。

こうした状況で、私たちは表面を探しましたが、良い結果が得られませんでした。その後、あちらこちらを掘り返し始めました。そして3時間半、鶏のようにそこら中を引っかき回し、意図せず穴を作り、私たちは既に汗まみれで疲れ切っていました。そこへフランシスコ氏が私に近づき、意味ありげに私を見て、こう尋ねました。「先生、このようにとても大変なことなんです。別の方法で探せると思いますか」私は彼の真意を察し、できるかどうかは分からないが試してみる、と彼に伝えました。

少ししてから探索を再開しました。とてつもない幸運によって、探していた遺物が見つかりました。全員にとって驚きだったのは、発見された破片がちょうど中心部分で、アステカの暦石である「太陽の石」の特徴を粗野な形で表していたことです。その場で遺物の泥を洗い流しました。そして私たちは、この珍しく素晴らしい発見に完全に衝撃を受け、驚嘆しきっていました〔図17〕。

〔図17〕

〔図18〕

この写真〔図18〕は、水晶に施されたアステカ暦の基本的で最も原始的な要素を表しています。その重要性から、私たちは唯一この遺物に「ウェウェトナルポワリ」という特徴的な名前を付けました。アステカ暦あるいは太陽の石の祖父という意味です。この遺物を調査した考古学者や科学者は、施されたガラス彫刻の技術を説明できませんでした。私たちにとって、未知の技術なのです。

このように私たちは遺物を手にし、喜びに溢れていたところ、私たちのグループがいた背後にガラガラヘビが現れました。そして、ファン・カルデナス・モンタニェスが私たちに動くなと指示し、自分がヘビを殺すと言いました。彼の言葉を確かめ覆すべく、私は彼に、何もしないで放っておこうと言いました。しかし彼は、私たちに危険が及ぶかもしれないので殺すと主張しました。そこで私は、殺さないで、この出来事の記録として写真を何枚か撮ろうと提案しました。

これらの写真〔図19〕は私たちにとって、もはや歴史的なものです。ともにオフエロス出身のファン・カルデナス・モンタニェスとフランシスコ・ゴンサレス・エルナンデス氏と一緒に、地表から深さ60㎝のところで、私たちナウィ・オリン協会が行ってきた調査活動を始めるきっかけとなった遺物を発見した瞬間のものです。

私たちはその地域の探索および調査をはじめ、遺物の所有者に対して遺物を保護するようにと啓発活動を続けてきました。私たちに遺物を譲渡する用意があると言った人もいれば、協会に加わった人もいました。こうした形で、かなりの量の歴史考古学的遺物を保護してきました。

私たちの礎石となった遺物は、セロ・デル・トロの〈「3つの段」を意味する〉トレス・テラサスと呼ばれる所の下で発見されました。段の1つは神殿で占められていました。この神殿は、斜面に6つある神殿の内の1つです。最も重要で最も神聖な7つ目の神殿はセロ・デル・トロの頂上にありましたが、今ではドラゴン社が所有するバヒオ地区ウィンドファーム〈集合型風力発電所〉となっています。風力発電機を設置するために丘の頂上全体が破壊されてしまいました。この破壊は近い将来、良くは見られないでしょう。

これら〔図19〕の3枚の写真には、私たちの調査活動の礎石となった瞬間が記録されています。その時私たちは、多くの者の人生を変えたその出来事の意味を分かっていませんでした。私がフアン・カルデナスにガラガラヘビの鈴〈尻尾の先端にある環状の節で、音が鳴る部分〉を数えるように頼んだところ、合計で7つでした。

ちなみに、カメラADVANTiXで撮った写真ですが、後で私たちはヘビを放し、セロ・デル・トロの頂上へ幸せな気持ちで向かいました。場所の厳しさから、たくさん汗をかきながら頑張って登り、ようやく頂上へ到着しました。

そこで私がとても驚いたのは、頂上が平らになっていて、小道の跡があったことです。頂上の大部分を取り囲んでいる1つのメインの道がありました。私たちの歴史を勉強してから分かったことですが、それは「オチパントリ」という光の道、昇天の大道でした。囲まれた中央には、山積みになった岩石の小さな小山がありました。これはアストランの主要な神殿であった可能性があります。すなわち、私たちの理論によると、ナワ・アステカ国の最も神聖な場所です。

これらの要素全てと周囲の全景を目にして、私はフランシスコ・ゴンサレス・エルナンデス氏に2つの質問をしました。「帯水層はどれくらいの深さにありますか」答えは2、3mで、大干ばつの時はほんの4mとのことでした。私がその質問をしたのは、私たちの周りを観察すると、地表に湿地の堆積物がたくさんあったからだと彼に伝えました。ということは、この場所は乾湖で、谷は以前乾湖だったこと、そして、私たちは乾湖の真ん中

〔図19〕

にある丘にいたことになります。

また、自分が目にしてきた全ての文化的表現を考慮して、私は彼に2つ目の質問をしました。「フランシスコさん、あなた方がインディオと呼んでいる民族の村々の中で、現在どれくらいの村が谷にありますか。」答えは衝撃的でした。「1つもない。インディオたちの村は全て丘にある。正確には丘の斜面にあって、谷の平地にあるものはない」とのことでした。

そこで私は叫びました。「フランシスコさん、ファン、ここはアステカ人の根源の地、アストランかもしれない！！！」私たちの古代史に記された要素をこの場所が併せ持つかどうかを確認するため、歴史や文学を調べ始める必要がありました。私は彼らに、私たちが目にしているものが何に端を発しているのかを説明しました。それ以降、この瞬間に浮かび上がったこの理論を検証するため、私たちはオフエロスへ再び行き、さらなる探索旅行をすることになりました。

こうして私たちは、より多くの情報や文献を調査・収集し始めました。歴史的データを集めれば集めるほど、アストランに関する理論は固まっていき、50以上の一致点に至りました。また、スペイン人の慈善家、グティエレ・ティボンが50年代にメキシコを訪問した際に、ある理論を発表したことが思い起こされます。

彼がソノラ州エルモシージョからハリスコ州グアダラハラへ飛行した時、飛行機はナヤリト州メスカルティタンを通過しました。すると小さなラグーンが見え、その中心には集落があり、その集落は方位のように十字に分けられていました。そこで彼は、ここがアストランだと考えました。しかし、それは証明されませんでした。彼は自身の理論を検証するために再びその地にやって来ましたが、その時も確証が得られませんでした。したがって、彼の理論は私たちの国の歴史界では受け入れられていません。

〔図20〕現在のナヤリト州メスカルティタンです。長さ2㎞弱の小さなラグーンと、4区に分けられた町が見て取れます。この場所がアストランだという理論は、完全には受け入れられていません。

〔図21〕上の写真はセロ・デル・トロの景色と山岳地形が見て取れる2枚の写真。巨大な岩々と美しい眺めです。登頂の困難さもお分かりになるでしょう。右側の写真には、何度も丘の頂上に登り、乾湖の景色を楽しんで、幸せな一行が見られます。左から右に、フアン・カルデナス、サルバドル・ドミンゲス、アントニノ・アロンソ氏、サルバドル・ロドリゲス、私。周囲360度、同じ眺めです。

下の写真は斜面の景色を撮った2枚の写真。一見したところ、古代の建造物は見当たりません。なぜかと言うと、アステカ人たちの自然環境に対する意識は、私たちのそれとはとても異なっていたからです。この領域を占有できる特権に対して神々へ感謝しながら、持続性のある材料で建設し、建造物もとても簡素で控えめなものでした。彼らは、「アノチパリク」（跡を残さずに生きてゆく）の精神で暮らしていました。そのため、一見すると神殿がないものの、注意深く見ると、土台や切断された岩の集まりが見られます。

私たち独自の理論は、7年以上にわたる歴史資料や関連文献収集の結果、強化されてきました。次の表に客観的データが記されています。

ナウィ・オリン協会の理論が一致する点

〔図20〕

〔図21〕

1. 1つの町と4つの地区を内包できるような大きな丘で、この丘には7つの洞窟と7つの神殿がある。
2. 9つの村からなる国を内包できるだけの、とても広い湖。
3. とても長い人の定住期間、異なる文化期。
4. 多数の古代文化との文化的関係。
5. ちょうど現在のメキシコシティの北部に位置する。
6. チチメカ人の地、アリドアメリカほど北部ではない。
7. 文化的表現において、アステカ文化が主流である。

8. 岩や鉱物水晶など様々な物質を扱えた。

9. 湖だった所に人の集落は存在していない。

10. ナワトル語で「テペトル」という語は「丘・町・村」を意味する。丘の頂上に行くと理由が分かる。人の集落は全て丘の斜面にあるので、それ以上の言葉は必要ないからだ。この丘には町あるいは村があった。

11. 聖なる丘「テオテペトル」は湖内、おそらく湖の中央に位置している可能性がある。

12. 丘には、長期にわたる人の定住の跡があるに違いない。

13. 4地区が言及されているが、私たちの発見によると6地区だった可能性がある。

14. 丘の斜面に7つの神殿があり、私たちは内5つを特定した。

15. 最も神聖な神殿「テオカリ」は丘の頂上に存在していた。遺跡がそれを証明している。
16. 丘には3つの神殿へと繋がる道がある。その道は、とても硬い花崗岩が切断されてできていることから、人の定住時期が分かる。岩の道「テトトリ」は2㎞以上ある。
17. 旧石器時代から有史までの、アステカ文字を持った太古の文化期。
18. 人の遺骸は良好な栄養状態を示している。
19. 遺物の図像は動物相と湿地や水中の生活を示している。
20. 「ナワ」とは書くことができる、教養のある人を意味する。最近の遺物にアステカ文字が見られる。
21. 聖なる丘「テオテペトル」の周りの丘々に、人の集落が多数あり、人によって掘られた洞窟あるいは地下道がある可能性がある。

22. モルタルを使用した建物や大きな建造物がない。

23. ナワ国の中心地で、幾千年もの間、多くの文化が集結した。

24. 何千年もの間、民族たちの生活の中心地で、巡礼の地でもあった。

25. 火事・略奪・侵略・戦いの痕跡はない。

26. 火山の噴火や地震のような自然災害の形跡はない。

27. ナワ国を滅ぼしたのは、干ばつであった可能性が高い。

28. 1000年から900年前に人が去った。原因は不明。

29. アステカ人は、常に環境にとても配慮した行動を取り、大自然に大いなる敬意を払っていた。

30. 丘では、仕事や人間活動の分業が見られる。

31. 主流の文化はアステカ文化である。

32. 多様な古代文化と、異なる文化期の表れがある。

33. 先祖伝来の思想教化と巡礼の地。

34. アステカの暦石は、いくつもの文化期にわたり、粗野なものから洗練されたものまである。

35. 彼らの言語、習慣、宗教、時間の測定法は同一、または派生していることから、北米先住民の国々はアストランと関係があった。

36. 先述の国々の言葉や方言はナワトル語に由来している。

37. 水晶の頭蓋骨のように、鉱物の結晶や岩石で作られた最高の芸術作品。

38. トルコ石は、何人かの司祭の個人記章に使用された、最も神聖な材料の1つだった。

39. 個人の記章や贈り物用として、白翡翠が使用されていた。

40. 技術は不明だが、歯科作業。

41. アステカ暦の文化的進化と、時間の区分の改良。

42. 墓は、家にあるアステカ式のものが主流で、私たちのような墓地はなかった。

43. 丘の構造の中に天文台。

44. 首長、指導者たちのためのシャフト墓〈竪穴式墳墓〉の存在。
45. 丘における洞窟の存在。7つ存在する可能性があり、最も重要なものはサグラダ。
46. 谷の底は湖水層の一種に違いない。
47. 地下の地表から近い所に帯水層。
48. 大陸から絶滅した大型動物相の文化的表現。遺物にマンモスや剣歯虎が見られる。
49. UFOの目撃エリア。
50. アステカ人の宇宙人との交流と、宇宙人とのハイブリッドの可能性を示す文化的表現の存在。

51. アステカ人によって描写された4種族の文化的表現：レムリア人、アトランティス人、ヒュペルボレオイ人、プレアデス人（アーリア人）。

以上のような形で、私たちが何年にもわたって行ってきた周辺地域での探索で発見したものを簡略化してみました。

神殿の斜面に岩石で敷き詰められた道があり、その道が、斜面に6つある神殿の内、少なくとも3つに繋がっていることを発見しました。〈斜面に6つ、頂上に1つ神殿があり、この頂上にある〉1つの神殿は、最も上位の神殿として位置づけられています。一部は今日まで残存し、他の部分は雨や時の経過によって崩壊しました。

海貝のこだまが7回響く、その半月形の段丘を歩きながら、私たちは、この場所に重要な神殿があったのだと考えていました。なぜならば、丘の花崗岩が切られてできた道が丘の一部を囲み、西斜面にある他の神殿へと繋がっていたからです。このようにして、私たちは他の2つの段丘にたどり着きました。内1つは晶洞の石畳で覆われていました。アステカ人は晶洞から白翡翠「チャルチウィタトル」を採掘し、司祭、戦士、アステカの長など要人の記章を制作するのに使用していました。

〔図22〕

〔図22〕下の写真は晶洞を捉えたものです。たくさんの晶洞が段丘全体を覆いつくしているのが見られます。アステカ人が指導者たちのために貴重な鉱物を採掘していた場所です。上の写真は、2009年、ハイメ・マウサンの番組「テルセル・ミレニオ」のカメラの前で、セロ・デル・トロに残っていた手つかずの晶洞を壊した後に集めたものです。

このようにして、私たちは人の集落だと思われるものを地表と地下に発見しました。1箇所だけでなく、何箇所もです。

切断された岩を見つけるため、私たちは直接、雨季の小川で探索しました。すると実際に、サカテカス州サンタ・エレナの集落で、複数の切断された岩がある小川が存在していました。これらの岩は異なる種類と産地のもので、土台の下部は丸みがあり、大きさはどの岩もだいたい同じです。

この小川の近くには、アステカの地下道と太古の神殿があります。神殿は雨風によって劣化し、花崗岩の岩は自然の作用によって崩れています。神殿には土台や段、小丘にぴったり据え付けられた大きな岩が見られますが、この神殿は、いったい何年前のものでしょうか。私たちは、上部に礼拝の場所として置かれた大きな岩々も発見しました。

〔図23〕上の写真は非常に古いアステカの定住跡である可能性がある2枚の写真で、定住跡は1つの地層内だけにあります。この地域の他の定住跡でも見られたように、切断された岩石が多数存在します。この場所は、調査すると確証を得られる見込みが高く、私たちの国と大陸における人の定住の歴史を変えるかもしれません。もちろん、これは軽率な発言かもしれませんが、私たちは間違っていないと確信しています。

下の写真は同じ考古遺跡の別の2枚の写真で、小丘の一部が改変され、表面が大きな花崗岩で覆いつくされている状態が見られます。これらの岩は、数百年あるいは数千年の経過の中で劣化してきました。右の写真はアステカの地下道の内部で、ほとんど先へは進めませんでした。約900年前のアステカ人の大移動の後、手入れがなされないまま幾世紀が過ぎ、荒廃してしまったからです。サカテカス州サンタ・エレナの集落におけるこのことは全て、私たち自身が探索し、自ら確認してきたことです。

〔図24〕サンタ・エレナの小丘の全景です。神殿として使用するため、太古の時代に改変されました。頂上には、大きな岩々が据えられた高い段があり、見た目には礼拝場所の一部だったと思われます。小丘の斜面にも切断された大きな岩々が置かれていて、小丘に恒久的な形を与えています。この場所は、オフエロスから直線距離で約10㎞の所です。

サン・ルイス・ポトシ州のラス・パロマスと呼ばれる別の村に、とても大きな定住跡を発見しました。私が見てきた中で一番大きく、5つほどの丘に及んでいます。これらの丘には大量の岩石がありますが、そのほとんどには、人が加工した跡が残っています。また、既存の隆起を利用して、ピラミッドのような神殿が建造されています。この場所の小丘の表面は石畳のようですが、私たちが知っているような小さな石ではなく、大きな岩です。その岩々が、小丘の一番高い頂上へと上る回廊を造るために据えられています。他方には、別の小丘が広がっていて、小丘の一部全体を上る階段があります。そこで疑問が生じます。「どうしてここに、幅約10m、全長約600mの階段があるのか」「何のためにここにあるのか」「道がこんなにも大きいのはなぜか」「過去に何人の人たちが、この光の道、すなわ

〔図23〕

〔図24〕

〔図25〕

ち昇天の道『オチパントリ』を通っただろうか」

〔図25〕サン・ルイス・ポトシ州ラス・パロマスの集落の近くで、計6つの丘を見渡せる場所を見つけました。発見された建造物跡から、大国ナワ・アステカを構成していた都市の1つである可能性が考えられます。左の写真には、神殿を建造するために改変された小丘が見られ、もう一方には、大きな岩が敷き詰められ、今日まで不安定な配列を保っているのが見て取れます。

〔図26〕これら4枚の写真は、この場所の重要性を捉えています。左上の写真は、長さ約600mの丘全体を上る階段で、別の面から下ります。右上の写真は、一見この場所に存在している理由が分からない石畳の道で、小丘の神殿の1つの面から上ります。左下の写真は、近辺の別の丘へと繋がる小道です。右下の写真は、幅が約6から7mあり、大人数が上れるように切断して改変された表面です。アストランの湖の地域で私たちが見てきた中に、このような構造を持った場所は他にありません。そのことが、古代におけるこの場所の重要性と、大勢の人がここを通ったことを示しています。

ここまで述べてきた全てを以って、私たちナウィ・オリン協会や、この使命を追求するよう協力してくれているたくさんの友が望んでいることは、まず自分たちのために、私たちの歴史的遺産をできるだけ守ることです。

それから、協会、地域の作業所、観光施設を設けることです。そして最も重要なことは、各地で発見された文化財を広く公開するのに必要な博物館を建設することです。

この地域は、博物館100館を埋め尽くすだけのものを、地表、地下、地中内部に有しています。アステカの地下道内では、近い将来、大量の生物遺体および考古遺物が発見され、私たちを驚かせることになるでしょう。

要約すると、アストランはアステカ人たちの起源の地です。最も神聖で重要なものは、至る所にラグーンがある大きな湖の中央の丘に位置しています。全ての丘に遺跡が存在していますが、ナワトル語の「テペトル」という語が、町・村・丘あるいは山の3つを意味している通りです。

この地域の全ての丘に遺跡があります。この場所には広大な平地がなかったことが認められ、現在の谷にもスペイン人による植民以前の定住跡はありません。なぜならば、太古の時代には、現在の谷は帯水層で占められていたからです。つまり、住民は土地の隆起部分を使用しなければならなかったのです。

この地は、たくさんの太陽、つまり約2万6000年にわたって居住されていたと言われています。5つの太陽の合計がこの年数になるからです。そしてこの理論が正しいとすれば、生物的遺物を年代測定して太古の定住時期を特定しても、同じ結果が出るでしょう。発見された生物的遺物からこんな驚きがもたらされるとは、なんということでしょう。

〔図27〕セロ・デル・トロで発見された、非人間の頭蓋骨と推測される写真で、グルポ・フォルタレサ・アストランというグループがインターネット上に掲載したものです。より確固とした基準をもって、さらに深く調査している私たちに驚きをもたらしましたが、今日までこれらの頭蓋骨を特定し、直接目にすることはできていません。

これらの写真は信用するに値します。私たちがその後セロ・デル・トロの地域で発見するものは、驚くべきものだからです。ただ、2014年3月にナウィ・オリン協会にもたらされた、まさに驚きの不完全な骸骨「アトラツィン」が思い出されます。現在分析中で、

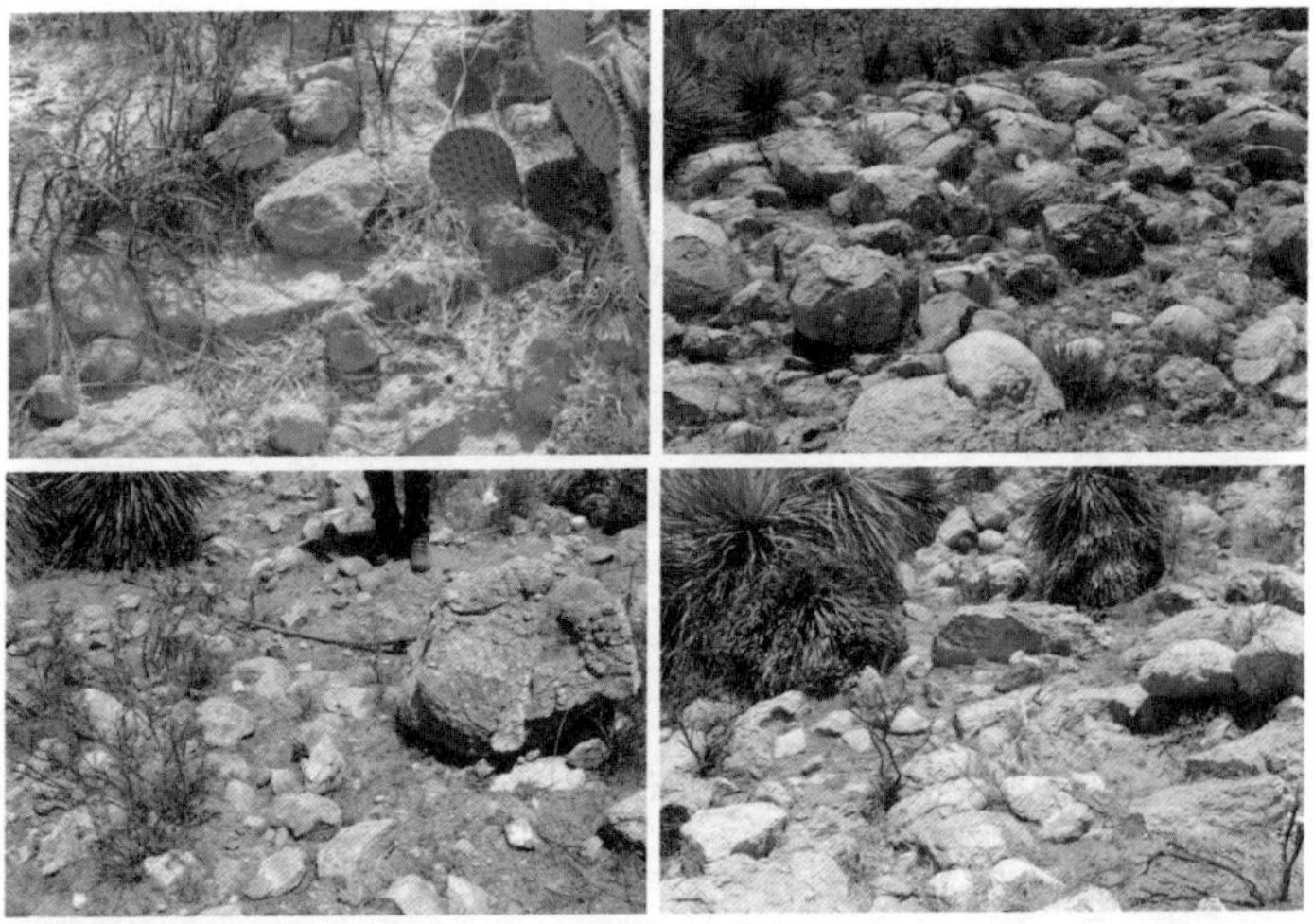

〔図26〕

〔図27〕

その生物起源を確認するため初期調査が行われています。

私たちの歴史の驚異の全てが、たった1つの場所に秘められているのです‼　信じられないことですが、確かです。この丘と丘で発見されたものが世界史に変化を記し、一般に知られている人類の進化に衝撃を与えるまで、私たちは続けます。このような信念から、2012年にナウィ・オリン協会の会長を通して、ユネスコのメキシコ本部、代表のキャサリン・グリスブギー博士へ、この地域、丘とここで発見された遺物を世界文化遺産に認めてもらうよう申請しました。しかし、全く無名だったことから、私たちは取り合ってもらえず、メキシコシティにあるユネスコの本部事務所へ直接出向いたにもかかわらず、書面での明確な返答さえもらえませんでした。でも、私たちはくじけませんでした。少し休んでから、調査とその普及を、会見、会議、会合など、つまるところ、この活動を知ってもらえるあらゆる場で続けてきました。これからも私たちは語り続けます。とりわけ、私たちは常にメキシコ人である誇りと、名誉にかけて誓った言葉とともに、自国を良くするために活動してゆきます。私たちの起源や国としての私たちの将来をより拡大させるためには、私たちみんなの努力が必要だと認識しています。

Part 3

アステカ—エイリアン文化 I

宇宙人の遺跡、遺物の存在

この章は、今日までさらなる重要性を持つものです。私たち、ナウィ・オリン協会の者は、大陸の北半分の様々な地域の文化的表現や人物像を目にするまで、この重要性に気付いてすらいませんでした。また、いくつかの遺物を発見し始めてからも、当初私たちは、単なる偶然の一致あるいは文化が変形したものだと考えていました。多くの遺物でパズルが構成され、その後遺物が次々と発見されると、太古の昔にアストランとみなされる地域に宇宙人が存在していたことを、明らかに示す遺跡が存在することを、私たちははっきりと認識できるようになりました。

最も困惑させた遺物の中の1つは、オフエロスの住人が持っていたもので、1999年10月に、私たちはそれを見つけました。

ゴンサレス技師は注意深く、非常に重要な遺物の数点を私たちに見せてくれました。しかし、私の関心を最も引いたのは、太陽の石、あるいはアステカの暦石として知られる、アステカの遺物の図像の基本的要素を明らかに示しているものでした。

中央にはっきりと第5の太陽、つまり〈アステカ神話の太陽神〉トナティウの顔があり、私たちのアステカ暦のように円状に記号が刻まれていました。

しかし、図像から判断すると、シュメール、アカディア、中国、ヘブライ、ラテン、ギリシャなど、地上で知られているどの文化にも相当しませんでした。これらの文化とここでお見せしている遺物の描写との間に、図像的関係性は見られませんでした。

この遺物〔図28〕には既知の文字が全く見られず、不可解です。古代の様々な文字と比較しても相関関係はなく、近似でさえ認められませんでした。これは間違いなく第5の太陽のイメージであり、〈生贄用のナイフ〉テクパトルのシンボルが描かれています。

このことは、この遺物が作られた文化期には、アステカ人たちは既に人間の生贄を捧げていたということを示します。それが、口の外へ出した舌が生贄用のナイフの形をしている象徴的意味なのです。

周辺の同心円上にあるシンボルも、太陽の石、つまりアステカの暦石に類似していることに着目して下さい。しかし、既知のシンボルが見られないので、この遺物自体が謎です。残念なことに、この遺物をナウィ・オリン協会の資料とすることはできませんでしたが、ゴンサレス技師と、以下の点から非常に重要な遺物であるとの見解で一致しました。

この遺跡が、とても遠い文化の人が作ったものである可能性があり、他の惑星の人であるかもしれないことです。また、彼も私たちと意見を共有し、この未知なるアステカの暦石は非常に珍しく、歴史にとって価値があるかもしれないので、これを大切に保管し、誰にも渡さないし、ましてや売りはしないと私たちに告げました。

2001年2月、フランシスコ・ゴンサレス・エルナンデス氏のもとに次の遺物がやって来ました。これが大きな注目を集め、さらに同様の遺物を見つけ出そうと意識するきっかけとなりました。

それは儀式用の大きなメダル〔図29〕で、片面には年配のアステカ人の司祭が、私たちにとっては未知の場所と関連するシンボルとともに描かれています。きっとアストラン地域の位置を示しているに違いありません。

注目すべきことは、人物像の左側に鷲の羽があり、その脈には太陽の象徴と思われる7つの円が表されていることです。それは、描かれている人物の霊的成長を明かしています。その顔を分析すると、第三の目だと思われるものが刻まれています。額のさらに上部から頭部の被り物にかけて、夜明けの光「トルテカヨトル」の象徴があります。これは、「悟り」のレベルに達した司祭のイメージです。アステカの司祭が、ユダヤ教やキリスト教において見られるのとほぼ同様の象徴で悟りを表現されていたことは、私たちにとって最初の宗教的衝撃でした。

メダルの同じ面に、湖水のような水を示す波が描かれたエリアがあります。アストランの司祭たちと戦士たちが団結し、アストランの別の場所へ向かうため、数人の司祭が太陽「トナティウ」に向かって儀式を執り行っています。その後、槍の先のシンボルが見られることから、きっと戦いが湖の辺りで繰り広げられていたことを示していると思われます。爬虫類として表現された生命体と、ほぼ人間の形で表現された生命体とが対決しています。アステカ人たちは、自分たちの宗教を変えてしまった者たちに反乱を起こし、彼らを抑え込んだのでしょうか。

これは個人的な憶測ですが、確かにその通りのように見受けられます。勝利のダンスを表すシンボルが刻まれているからです。

この石刻には、アステカ文字の知識がほとんどなくても読める記号が非常にはっきりと認められ、驚嘆の歴史を明らかにしています。アステカの司祭の額、第三の目と思われる

〔図28〕

〔図29〕

象徴の上に、光のシンボルがあるのは驚くべきことです。この解釈は個人的なものであり、読者は、自身の個人的体験や経験、世界の宗教に関する知識に応じて、好きなように解釈を与えることができます。

但し、驚きはそこで終わりません。メダルのもう片面〔図30〕には、最上部に母船がはっきりと見て取れます。下部には紛れもなく探査船、あるいは、現在では一般的にUFOとして知られているものが刻まれています。

この船から、エネルギー・フィ

〔図30〕

ールドのようなものに包まれた、人間ではない生命体が降りてきます。発育中の4匹の蛇のような胎児がこの宇宙生命体の周りに見られることは、この生命体が生殖の使命を持って地球へやって来たことを物語っています。人工的な方法なのか性行為によるものなのかは示されていませんが、この生命体は自分の種を残すためにやって来たのであり、論理的には、地球の女性を懐胎させることと関係づけられます。

左側〈読者から見て右側だと思われます〉には、これらの胎児の1つのより成長した姿が見て取れます。つまり、人間の種と自分の種との間に子孫をもうける、あるいは遺伝子交配をする使命を持った生命体が、他にも存在するということです。

メダルの縁には人間ではない別の3つの顔が見られ、まるでこれらの宇宙生命体が監視または偵察していて、彼らの世界とアステカ人の世界という2つの世界を行き来しているかのようです。

全ては謎で、メダルのこの面について、みんなが満足するような解読を行うのは容易ではないことは分かっています。なぜなら、この21世紀においてさえ、現代の私たちの存在や生き方についての固定観念を打ち破ることになるからです。

大事なことは、アステカ人たちが見たことや経験していたことを、うまく象徴化していたということです。シンボルの1つ1つが、彼らが実際に観察してきたことの表れであり、彼らはそれを石に刻み込みました。現代における紙の役割を果たす物質が、彼らにとっては岩石でした。そこに彼らの経験、家族のことも社会や宗教のことも刻んで表現したのです。幸運なことに、現在の私たちはこれらの資料を全て持っていて、人類の進化をより深く知り、私たちが地球上、ましてや宇宙の中で唯一の存在ではないという事実をかみしめることができます。

もう1つ、私たちの関心を引くシンボルが、上部へ、宇宙船へと向けられた足跡です。これは明らかに、宇宙船で人間が運ばれていたことを示すものです。

別の言い方をすると、宇宙人が人間の同胞を連れ去っていたこと、アステカ人たちが誘拐もされていたことを、この遺物の作者は認識していたというのが見て取れます。

非常に閉ざされた従来の基準を持っていると、全景を受け入れるのはとても難しいでしょう。私たちは、これらの石の象徴が単なる思いつきや空想ではなく、当時起きたことを作者が明確に表現したものだと捉えています。

現代において「UFOと宇宙人」として知られているものが、これほど明瞭で緻密に表現されているということは、おそらく作者は目撃者だったのでしょう。

メダルの同面の中央にいる生命体の容貌は、人間のものではありません。その生命体の手がはっきり見られますが、注目すべきは、指が4本しかないことです。描かれているこれら地球外生命体のほぼ全ては同様で、四肢の指は4本です。頭は上へ伸びていて、目は決定的に人間の目とは異なる一方で、宇宙人と認識されている生命体と容貌が完全に一致しています。同様に、この生命体が身に着けている衣服も、メソアメリカ文化の服装とはとても異なります。

この遺物〔図31〕は、人間ではない生命体が表現された初期の遺物の1つです。その制作と文化的特徴から、とても粗野なのが見て取れます。私たちがこの遺物を見

〔図31〕

たのは前世紀の1999年、私が初めてオフエロスを訪問した時でしたが、その時はその遺物に対して何の重要性も感じていませんでした。

これ〔図31〕は、1999年に私が初めてオフエロスを訪れた際に記録された初期の遺物の1つです。人間とはとても異なる容貌をしており、おそらく、人ではない生命体の雌だと思われます。オフエロスの住人たちと行った作業の会合で、多分、文化的な潮流があり、そこから容姿の変形が説明されるとのコメントがありました。この生命体が赤ん坊あるいは子どもを抱えているのがはっきり見られますが、この子の容貌も完全には人間のものとは言えません。また、現在の先住民族の母親たちがいまだに行っているやり方で、子どもを抱えています。

様々な文化期を物語るこれら石の遺物は全て、何千年にも及ぶ可能性があります。アステカ暦では、時の展開と継続性の範囲は約2万6000年だからです。これは一見、途方もないことのように聞こえますが、そうではありません。既に5番目の太陽、つまりアステカ式人類の時代が過ぎ、各時代が平均5200年であることを考えると、簡単に計算して、合計2万6000年となります。

これほどの古さの暦を取り上げるなんて、常軌を逸しているように見えるでしょう。不幸にも、水陸とともに地球全体を襲った突然の気候変動が、5200年前に起きたことが科学的に判明しています。世界中の極冠と氷河の氷を分析した結果、このような結論に至ったのです。このデータは、いくつかの氷河に残った植物によって裏付けられています。例えば、パタゴニアのペリト・モレノの調査では、5200年前に急激に凍った植物が、氷が後退してむき出しになったのが発見されました。そして炭素14年代測定法を用いたところ、この結論に至りました。

今や世界でオフエロスの石として知られている遺物の話に戻りましょう。これからナウィ・オリン協会のコレクションの中で最も象徴的なものを紹介します。一番重要とか一番詳細というのではありません。しかし、遺物の特異性が受け入れられる時、所有する全ての遺物を博物館に展示する予定です。

現在私たちは、既に1000点近い遺物を有しているので、紹介する物を選ぶのは容易ではありませんでした。他団体のコレクションでは、何千点にも及びます。これらのデータによると、私たちのコレクションの数は一番少なく、当該の遺物が最も不足しています。メキシコシティには、量的にも質的にも驚くべきコレクションがあります。とても素晴らしく、その団体でもカタログ、本、または博物館で、コレクションを公開してくれればと思います。

また、続けてご紹介する遺物のように、ある人たちが偶然にいくつかの遺物を発見したことも知るに至りました。ある家族は遺物の所在を確認し、ナウィ・オリン協会にその遺物の保護を託すために、それを差し出そうとしました。しかし、それは叶いませんでした。その遺物を発見した隣人がそれを手放すことを断固として受け入れなかったからです。私たちは遺物を担ごうとしました。遺物の中央は空洞なので、写真を撮るために置き直すことは簡単だと思いましたが、重さが約50kgあり、容易ではありませんでした。遺物の所有者は移動させることを許さなかったので、発見された場所での、次のような写真しか撮れませんでした。これは間違いなく宇宙人を表しています。ご自身で観察してみて下さい。

このオフエロスの石〔図32〕は、大きさが約56×30×32㎝で、重さが推定50kgということで、私たちの注目を集めました。中央部が空洞なのにとても重いのです。この遺物の所

〔図32〕

〔図33〕

〔図34〕

有者が、より良い写真を撮ることや寸法を測ることを許さなかったので、比較のために10ペソ硬貨を置きました。

〔図33〕材質や宇宙人の表現には様々なものがあります。これらの小さなアステカの遺物はミリ単位で、その厚みから、彫刻を施すための圧力もカッティングも用いられていません。これは全くの謎です。いくつかの遺物は、厚みがほんの1～2㎜です。これらはどのように制作されたのでしょうか。

〔図34〕この別の遺物は個人用の大型メダルです。前面には、人の顔が見事に刻まれていました。しかし裏面には、頭部の被り物や腕章から判断して、間違いなくアステカ人が描かれています。また、言葉を表す小さな棒も見られます。姿勢は明らかに、チアパス州パレンケのパカル王の石棺に描かれたものと同じです。同じ姿勢をした人物が2人いることになりますが、こちらのアステカ人の方には四肢による制御が見られ、乗り物を操縦していることを示しています。

オフエロスの石は全て、私たちにメッセージを与えています。それはアステカ人たちの生きた瞬間あるいは出来事です。どうして彼らが宇宙人たちと長い間、このような個人的な接触を持っていたのか、私たちには分かりません。また、交流の全てがアステカ人にとって好ましいものだったとは言えないでしょう。なぜなら、複数の遺物には、レプティリアン型宇宙人が、アステカの宗教を精神的なものから、人身御供を求める血なまぐさいものに変えてしまったことが示されているからです。この概念を雄弁に物語る2枚の写真を紹介します。

〔図35〕 1枚目の写真では、人間ではない司祭が、胸が開いた状態の人とともに描かれています。司祭は左手に短刀を握っており、右手には人の心臓を手にしています。上向きの小さな棒は祈り、あるいは聖なる儀式を意味します。とりわけ、この遺物の柄と後ろの部分に表現されたものは全て、人間ではない人物を表しています。

〔図36〕 次の写真には、パズルのように構成された頭部が表現されています。コラージュのように、全てのピースが集まって、非人間の頭を構成しています。この表面に

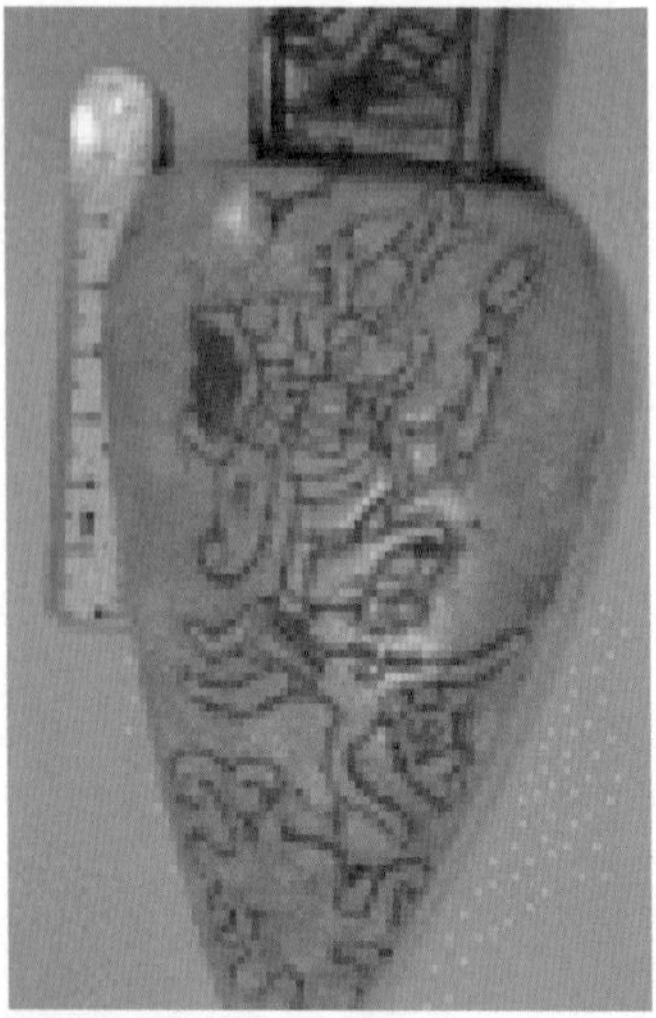

〔図35〕

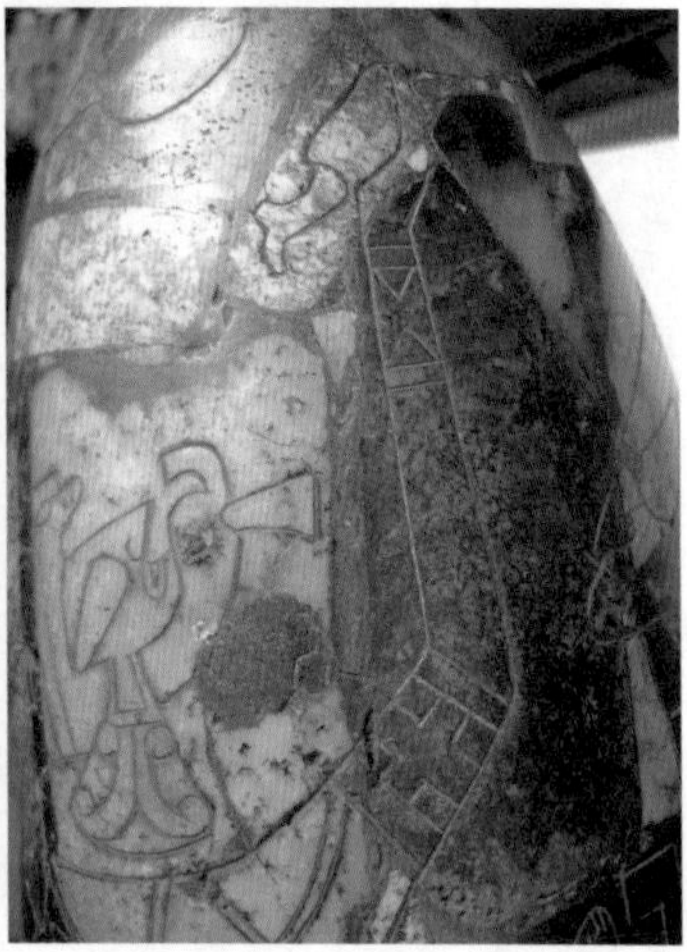

〔図36〕

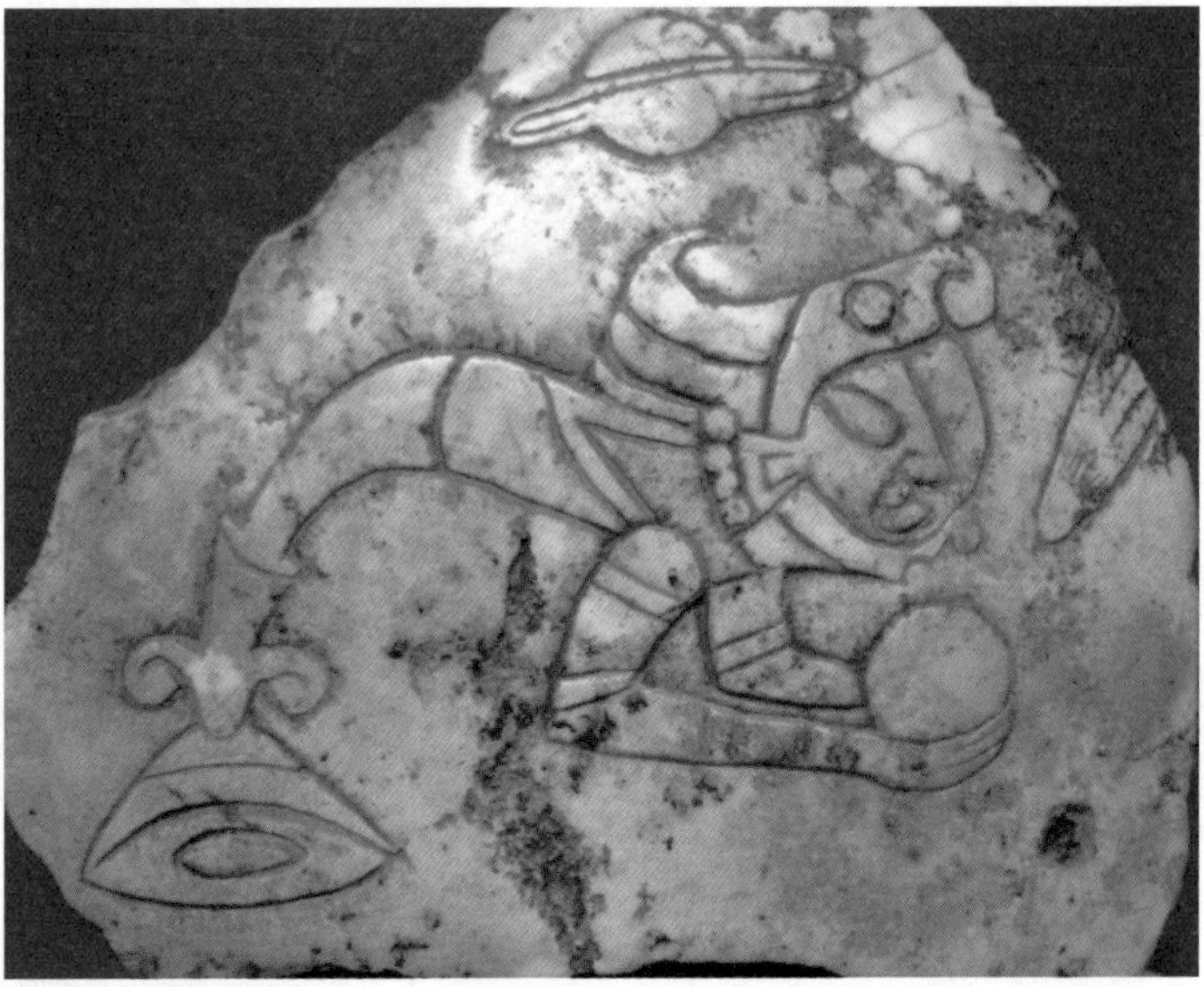
〔図37〕

触れると、結合がとても正確で、結合線が感じられません。表面全体に模様がありますが、最も私たちの注意を引いたのは2つです。服装から背がとても高いと思われる人物が描かれていることと、その人物が〔図35〕の写真と同じく、右手に人間の心臓を持ち、上へ捧げていることです。それは、これらの人物がアステカの宗教を操作する役割を担い、彼らこそが人身御供の血なまぐさい儀式を始めたことを示しています。

〔図37〕ここに、協会が有している中で最も複雑な遺物があります。これをお見せできるのは幸いです。表面は滑らかで均一です。触れてもどこで違うピースが繋がっているのか感じられません。遺物全体に彫刻がなされていますが、他のピースには、UFOから出てきた爬虫類型の生命体が表されています。UFOは、人の心臓を捧げている司祭の下に位置しています。ここに刻まれている姿形は全て、人間の特徴とは異なります。

このオフエロスの石には、驚くほどの正確さを以って、UFOから出てきた爬虫類の形をした生命体が刻まれています。宇宙服にヘルメットあるいはサンバイザーを身に着けていて、両手に円が描かれています。驚くべきことは、彼の上に土星によく似た惑星が見られることです。この場面は、前出の宇宙人の頭部の遺物の後ろ側に描かれているものと似ています。

〔図38〕これは驚きの遺物で、おそらく、生贄の心臓を入れる「クアウシカリ」という容器であると思われます。人間とは異なる頭の形をしていて、色もまた特徴的です。さらに驚くことに、容器の底には、非人間の雌が人間とは異なる身体的特徴を持った生命体を出産している場面が表現されています。バイキング船を彷彿させる船の上で起きていて、この雌は非人間の子どもを、儀式で捧げるように高く捧げています。

驚きの現実を考えられるようになりましょう。出産している非人間の雌が描かれているのは、この種の遺物において1つだけではなく多数存在し、しかも1つのコレクションの中だけではありません。続いて、別の雌が同様に、完全には人間と言えない生命体を出産している別の場面をお見せします。

〔図38〕

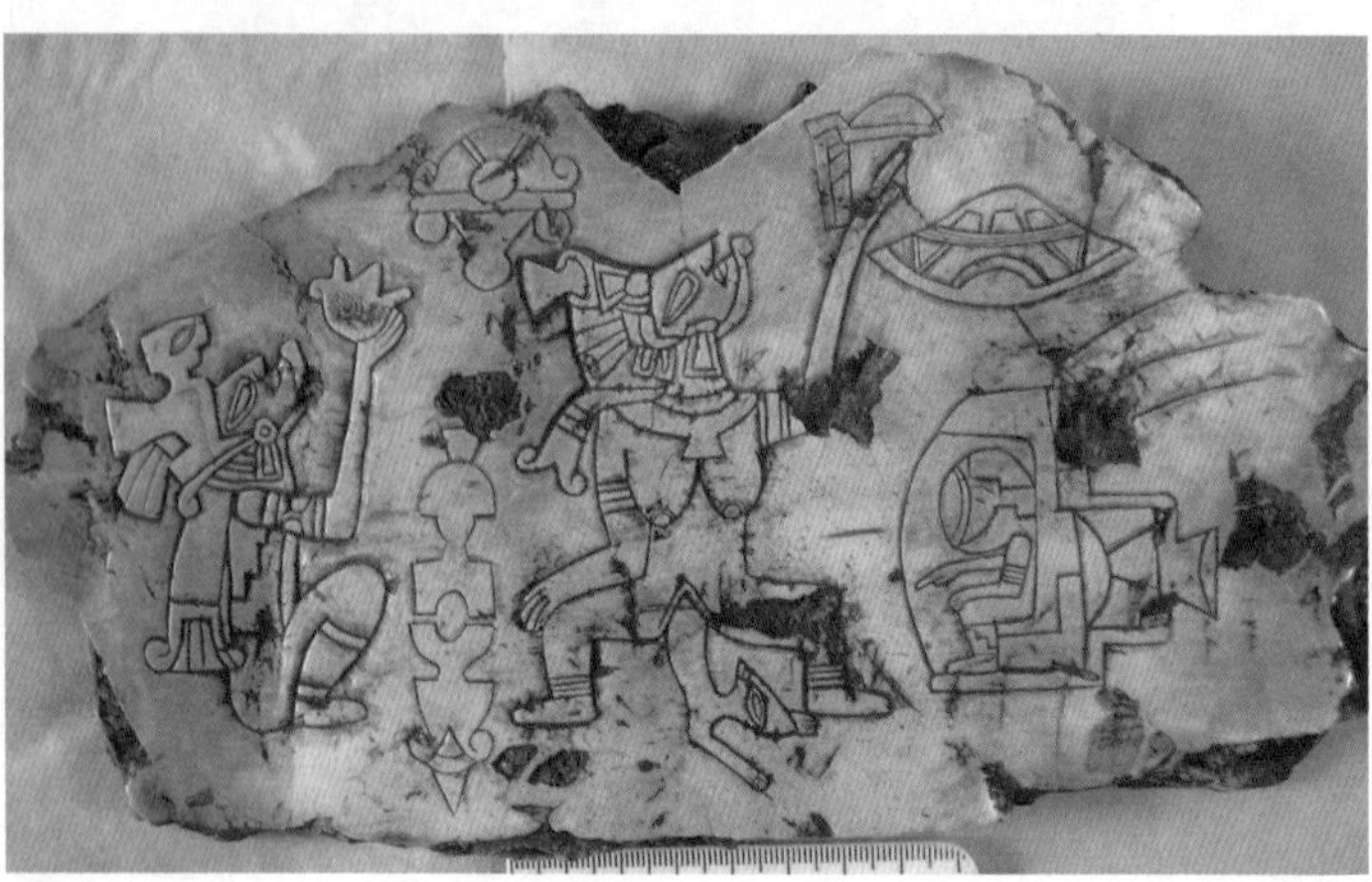

〔図39〕

〔図39〕火山岩に施されたオフエロスの遺物。中央に非人間の雌が出産しているのがはっきりと見て取れます。また、頭部の装飾は社会的地位が高いことを示しています。そして、生まれてきた子は完全な人間ではありません。この遺物で最も不可解なのは、右側に〈読者から見て「左側に」だと思われます〉生贄となった人間の心臓を捧げているると思われる司祭が描かれていることと、〈司祭と中央の雌の〉中間の表象が考古学の世界では全く未知のものだということです。出産している雌の右側には、飛行態勢の宇宙船2機が描かれています。これは単に、作者の想像の産物だったのでしょうか、それとも、アステカ人たちと実際にコンタクトを取っていた生命体やＵＦＯを表現していたのでしょうか。

これらのオフエロスの石に秘められた謎があまりにも大きく、私たちの理解を超えていて、次のように異論を唱えたくなるでしょう。

彼らは精神に作用する薬を使い、変容した意識状態で彫刻を施したのだ。古代メソアメリカの民族は薬に精通しており、儀式や日常生活で利用していたのだからと。

Part 4

アステカ—エイリアン文化 II

リスクを超えて

時は経ちましたが、何の音沙汰もありませんでした。国の2つの高等機関と職員たち、メキシコ人考古学者たちが無関心なのは明らかで、私たち、ナウィ・オリン協会のメンバーを落胆させました。

しかし、協会の規約に従い、私たちはグループで現地での探索、調査を続けてきました。距離があるので、私自身は年に2回から4回だけ現地に赴いています。また、多額の費用がかかる上、国の経済状況を反映して私たち全員の収入は減っています。そのため、探索旅行は平均して年に3回、基本距離は年に6000㎞です。アカプルコからオフエロスへの旅による調査を重ね、既にかなりの探索距離を蓄積し、探索に伴う危険をたくさん冒し、膨大な時間を費やしてきました。

危険は見過ごされがちですが、まさに考慮すべき客観的要素です。そのため、必要な予防策は全て講じ、車両もできる限り万全の状態を保っています。それにもかかわらず事故が起きてしまいましたが、1回だけだったのが幸いです。

２００8年3月の午前1時、オフエロスからの帰り道で、ゲレロ州の州都の出口、パロ・ブランコの料金所を通過しました。数㎞前方、高速道路のトンネルの少し前でマルコ・アントニオ・フォンセカが運転していました。先述の料金所で私から運転を変わった後でした。カーブの所で私たちの正面に、3頭の雌牛が次から次へと列になり、アスファルトの車線を完全に塞いでいるのを目にしました。私はマルコに「牛に焦点を定めろ！！！」と叫ぶしかできませんでした。マルコは反射的に目の前にいる、列の最後の牛に焦点を定めました。

衝突は避けられませんでした。用心しすぎることはなく、幸運にもみんな無事でした。車での移動の際には着用しなければならないシートベルトを、みんなきちんと締めていたからです。その年の軽トラック「シャイアン」に5人が乗車していましたが、みんなシートベルトを締めていたので、衝撃を受けたのは車両の前面だけで済みました。とはいえ、前面全体が損傷したので、その部分はもう使えなくなりました。

交通救助隊と救急医療隊が事故現場に到着しましたが、搭乗者が誰も負傷しなかったことに驚いていました。ただ、仲間のセサル・フェリペ・レイバだけが頸部を捻挫したため、直ちに私が応急処置を行いました。その後、高速道路のレッカー車も到着し、それに乗って私たちはアカプルコに着きました。連邦交通パトロール隊も現れ、死んだ牛と被害の状況など全てを記録に留めました。翌日、私たちは保険会社と連絡を取り、軽トラックは修理に出されました。

慣れていなかったため、私たちはエアバッグを修理しませんでした。すると保険会社の担当者が、エアバッグが作動していなかったと指摘しました。その時まで、私は細部を修理していました。担当者は、エアバッグは搭乗者の安全と生存のための装置であり、それが機能していないのは大きな欠陥だと私たちに告げました。

そこで、私は連邦消費者保護庁へ赴き、関係書類を提出した後、メキシコのシボレー社に電話しました。あいにく、この会社の社員は、よく躾けられているというか、完全な丁重さで応対しました。私たちが苦情を申し立てたので、彼は気分を害し、軽蔑的な口調で、プロとしての注意を払うこともありませんでした。彼は私にこのように叫びたい様子でした。エアバッグのシステムが作動しなかったのであれば、動物が車体の前面に衝突していなかったのであり、取扱説明書を読んでいたならば、家畜によってはシステムが作動しないと分かったはずで、時間を無駄にするのは止めましょう、と。

私は、この社員は職業人として準備ができておらず、自身の仕事が好きではないのだろう考えずにはいられませんでした。しかし、この哀れな馬鹿者をまともに相手にしなくてよかったです。私の気丈さは、彼の最悪な態度を乗り越えました。彼の悲しい状況を思いながらも、私はその場には長居しないでおこうと考えました。装置を良い状態にする必要があるので、損傷部分の修理に集中しました。

このように、私は修理の手続きに集中し、修理が完了して損傷部分は正常に戻りました。そして再び道路を走り、調査活動のために何キロもの飽くなき道を走り続けました。この活動はもはや趣味ではなく、既に私たちの前に現れた使命となっていました。

別のリスクは、鉱物の調査作業が行われているので、私たちが高い地位の人たちに影響を与えかねないことです。近隣のサカテカス州にある鉱山の数々がとても近いので、不思議ではありません。一見その地域全体が鉱物に富んでいて、主に金、銀、鉛、亜鉛、水銀など、他にもたくさんあります。しかし、多国籍企業もまた影響を受けています。掘削機の事故が起こりましたが、それに対する納得のいく説明が今日までなされていません。

最も具体的な危険は、現地で有害な動物と遭遇することです。例えば、ガラガラヘビ、〈猛毒の〉クロゴケグモ、有毒のサソリ、ムカデ、そしてコヨーテもです。探索地域にはこれらがたくさんいます。大げさに言っているのではありません。既に述べましたが、この調査の礎石を特定するための作業をしていた時、ガラガラヘビが1匹現れました。私が細心の注意を以って両手でそのヘビを捕まえ、私たちはヘビの写真を何枚か撮りました。実際、牙があり、牙を見せていましたが、その後、私たちはヘビを傷つけることなく放し、ヘビはどこかへ去りました。

〔図40〕この写真には、現地の有害な動物相による危険を軽率に捉えるべきではないことが表されています。これが私たちに近づいてきたヘビです。2000年にアステカ暦の祖父を意味する「ウェウェトナルポワリ」と呼ばれる石を見つけた後に起きた出来事でした。気付いてもらいたいのは、私たちがヘビに何の危害も加えなかったことと、ヘビが私たちと遭遇した後、私たちに対して攻撃や防衛の姿勢を見せることなく、去って行ったことです。

〔図41〕しかし、2011年、チナンパスの集落近くの神殿である小丘に登った際、私たちの行く手に出てきた別のガラガラヘビは、前記のようではありませんでした。

〔図40〕

〔図41〕

非常に攻撃的で、私たちの接触に対して防衛しました。葛藤の末捕まえることができましたが、動けなくなっても、その黒と黄色のヘビは、とても攻撃的な姿勢で戦いを挑んできました。私たちはこのヘビに対しても、何の危害も加えることなく放しました。攻撃されることなくみんながその場を通り過ぎてから、ヘビを放しました。そしてもはや私たちはヘビの届かない範囲になっていました。私たちがこのようにするのは、土地とその植物相および動物相に対する尊重からです。クロゴケグモやサソリに遭遇した時も、同様に行ってきました。

これら2枚の写真は、歩いている時に小道の脇で黄色のラインが入ったガラガラヘビに遭遇した瞬間のものです。このヘビには鈴が11個あり、態度は非常に攻撃的でした。細心の注意と必要な用心を以って、ヘビの頭と胴体を捕らえました。

Part 5

有翼生命体の存在

鳥の翼を持った生命体と人数とは？

オフエロスの石の中には、翼のある生命体が表現されたものが多数存在します。その翼には羽が完璧に刻まれていて、まるで鳥の翼のようです。

これらの生命体は多くの石に描かれていますが、1つの形だけでなく、様々な形で表現されています。羽はまさに現実感があり、これらの描写は私たちを驚きで埋め尽くすとともに、このような好奇心を抱かせます。「アステカ人たちはこれらの石で、何を伝えたかったのだろうか。」

人間の様相をした生命体を描いたのは、アステカ人だけではありません。古代世界の様々な文化においても見られ、最も知られているのは〈古代メソポタミアの〉シュメールの遺物に描かれたものです。

シュメール文化も、未知の事柄を客観的な形で表している古代文化で、私たちを驚かせます。疑いなく、いくつかは実際の観察によって表現されたものです。しかも、短い期間の観察ではありません。古代シュメール人は、自分たちの文化について情報や知識を与えるために、これらの生命体を描いたのだと推測されます。その中には「アヌンナキ」と呼ばれる、宇宙からやって来た生命体も含まれていました。シュメール人たちは、より広い概念を持った別の生命体を宇宙の兄弟、または宗教的解釈として、当時の人類に自身の足跡を残した神々として捉えていました。そして神々は知識で以って、宗教、生活、古代社会に影響を与えました。

古代エジプトにおいてもまた、人間の特徴とともに、鳥の翼をもった神あるいは生命体が表現されています。また、これらの生命体には、古代エジプト社会を助けるために天からやって来た神々という意味づけがなされていたことは間違いありません。壁や石棺、古代エジプトの聖なる書物にも描かれて残っています。

古代メソアメリカの文化においても同様で、翼を持った生命体が人類のために天からやって来たという意味づけがなされています。

これらの生命体の中で最も有名なものは、アステカ文化において、翼のある神聖な蛇、あるいは、「羽毛のある蛇」を意味する「ケツァルコアトル」と名付けられています。ここでは歴史が神話や伝説と混ざっていますが、一方で、この存在は人間で、精神的発展を遂げ、偉大な知識を獲得して、メソアメリカの大部分、現在のナヤリト州とヌエボ・レオン州から中央アメリカにかけて影響を与えたと言われています。マヤ文化では「ククルカン」と名付けられ、スペイン語へ訳しても同じく、「羽毛のある蛇」です。

ククルカンとマヤ文化について、次のことを述べておく必要があります。

「星ジャガー」と訳される「エクバラム」遺跡に神殿が存在します。〈（マヤ語で？）「エク」が「黒」または「星」を意味し、「バラム」が「ジャガー」を意味するそうです。一般的に日本では「黒いジャガー」と訳されていますが、近年の研究によると「星」の方が正しいようです。本書でも「星」となっています〉そこにある大神殿「テオカリ」〈テオカリとは、神殿が頂上にあるピラミッドのこと〉の最上部には、全長2m以上の2体の彫像があり、鳥のような羽のある翼を持った2人の人物が表されています。これらの人物像が、蛇の牙のような象徴が施された神殿内部への入口を守っています。これらの人物像のように、約950年の歴史があり、翼がある以外には鳥の特徴がない人物を表現した彫像が発見されたのは、現在までこの神殿だけだということも、付け加えておきます。

今日まで、これらの人物像がこのマヤの神殿に存在する確かな理由は分からず、より原形に近い形に修復されてきただけです。考古学者たちはこれらの彫像についての一貫性のある、または、受け入れられる説明を見いだせていません。

しかし、私たちが世界のこのモザイク全体を考え合わせれば、より広くて明瞭な視界が得られ、人間の様相をしながら鳥の翼を持った生命体が確かに存在したという概念を許容できるでしょう。また、これらの生命体についての客観的データを発見することは、人類の進化あるいは人類学の領域における起爆剤となるはずです。

ユダヤ教、キリスト教、イスラム教では、翼のある生命体は明確な現実であり、単なる空想ではなく、「天使」と名付けられています。天使は神界と人間界の間を橋渡しする存在で、一般的には創造主と人類の使者です。

聖書には、天使に託された役割についての記述が多数見受けられ、天使たちは窮地に陥った人間を助ける、または、創造主からのメッセージを聖人に届ける役目を果たします。宗教の視点から天使を研究している、あるいは天使とコンタクトを取っているグループがたくさんあります。これらのグループや人たちは、天使に助けを求める祈りまたは儀式を行うと、確かに結果が得られるという証言をしています。

オフエロスの石の話に戻ります。ナウィ・オリン協会は既に約900点の遺物を有していますが、人間の様相をした存在が描かれているものは少なくありません。

しかし、表現されている生命体は、人間の顔をしていません。人間のような形をしていて、みな折り畳まれた翼を持っているものの、どの遺物にも、飛ぶ機能は表されていません。他の団体の遺物も含め、今日まで観察してきた全ての遺物において同様の特徴が見られます。これも述べておく必要があります。現在、この種の遺物を有している協会が5団体あり、合計で約1万3000点のオフエロスの石が記録されています。

さらに指摘しておく必要があるのは、これらの生命体が、儀式や捧げもののような行為をしている、または、空飛ぶ円盤に子どもを引き渡しているところが表現されていることです。大半の遺物にはこれらの行為が見られますが、

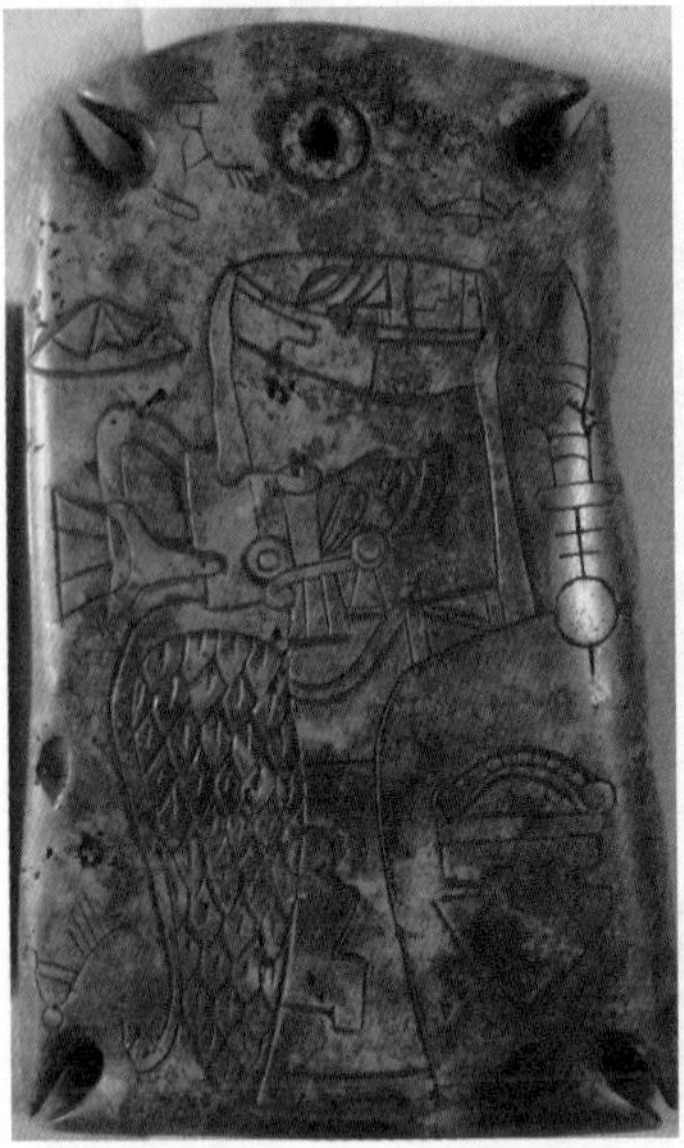

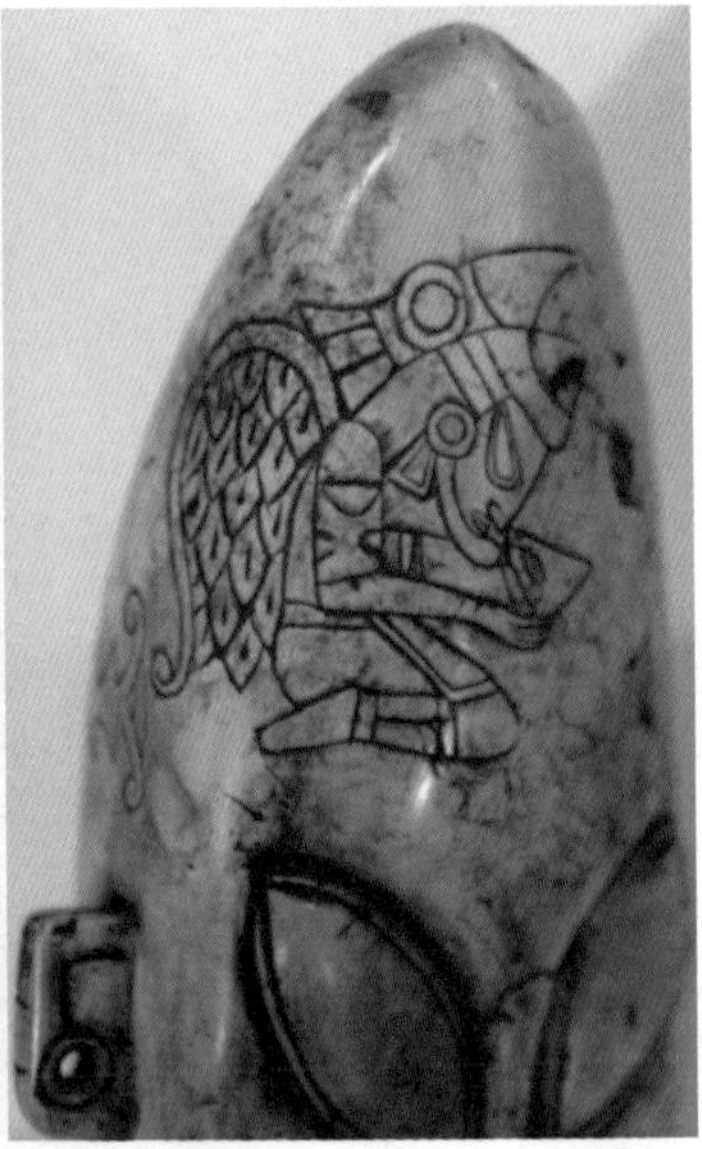

折り畳まれた翼を持つ遺物

中にはしゃがんで座っているものもあります。もっと衝撃的なのは、特に彼らが人間との混交つまり遺伝子交配を意味する行為を行っている場面が見られることです。

別の遺物では、教育あるいは修行が表されていて、非人間の生命体が教育、指導を行っています。あたかも彼らの知識を人間たちに教え込んでいるかのようです。

Part 6

オフエロスの石における有翼生命体 Ⅰ

未知なる生命体との文化的融合、交流

オフエロスの石には、世界の古代文化と酷似した描写が少なくありません。翼のある生命体、アステカ人とのハイブリッド、そして様々な空飛ぶ円盤まで描写したものがあります。いろんなタイプの空飛ぶ円盤や、古代ナワ・アステカ人の生活場面を表現した石の彫刻が、本当に何千と存在しています。現在、同様の芸術様式で様々な文化期のアステカの遺物が約1万3000点あると言われています。私たちの国に既に合計5つの協会がありますが、他の団体によると、この種の遺物は洞窟で発見されたそうです。

5団体の内3団体は、これらの遺物をアステカの地下道で発見し、その内2団体は炭素14年代測定を行ったと明言しています。グアダラハラの協会では、最古の遺物は1万6000年前のもので、最新の遺物はほんの4000年前のものだと判明しました。

メキシコシティにあるアステカの地下道で発見された遺物の中では、最古のものが2万6000年前、最も新しいものはたった4200年前のものです。これら2団体で別々に調べられた結果、オフエロスの石が作られた期間は非常に長いという点で一致しています。

〔図42〕

メキシコ中央部のいろんな場所で発見された多数の遺物、オフエロスの石を前にし、模造者たちが、宇宙からやって来た生命体との相互交流を物語る石を何千点も複製するのは、偶然すぎるでしょう。ナウィ・オリン協会が保有するオフエロスの石を、ゲレロ州アカプルコにあるセメント会社ホルシムの地質研究所で分析したところ、以下の2点が確認されました。1点目は、オフエロスの石に見られる石材彫刻およびガラス彫刻に使われた技法が、未知のものだということです。

〔図42〕２０００年にメキシコ、ハリスコ州オフエロスにあるセロ・デル・トロで発見されたアステカ特有の遺物。この遺物は、この場所をアストランと呼ぶべく、ナウィ・オリン協会が調査を始めるきっかけとなりました。アストランとは、アメリカ大陸の北半分で最も古くて重要な場所で、中央アメリカから現在のアメリカ合衆国の南半分までの古代文化の巡礼地でした。

確認された2点目は、遺物が実際に磁器化されていたということです。磁器は、もっと最近の文化期において用いられたものです。すなわち、ナワ・アステカ人は太古の昔、オフエロスの地で、磁器化の技術を見事に生み出していたということです。

現在私たちが知っているような磁器製の品について話しているのではありません。天然の岩石を形に、あるいは特定の用途のために彫り、その後、釉薬であるペーストでコーティングするのです。この事実を前に、私たちは幻想を抱いた夢想家だと言われてきましたが、私たちの大陸の古代文化における未知の文化的側面が、既に明らかになっているだけです。先述のアカプルコのセメント会社ホルシムの地質研究所で、質量の分光測色法の技術を使って分析したところ、実際に磁器化された物質であることが確認されました。


大いに指摘しておく必要があるのは、この古代の陶芸技術が正確な濃度など、厳密な要素を必要とすることです。また、2つの必須成分から不純物が除去されている必要があり、水の比率と漸進的乾燥が正確でなければなりません。それだけではありません。窯は高温、すなわち1300度に達しなければなりません。アステカ文化においてこのような窯の証拠はありませんが、もちろんその土地固有の要素を考慮する必要があります。「これほどの高温に達することができるのは、どの木材だろうか」と。

この困難を前に、社会的要素が私たちの助けとなります。私は、メキシコ高原として知られる所に位置するトラスカラ州の出身です。その緯度の寒冷な気候下では、ブドウに似た果実を実らせる地域固有の木が育ちます。その実は小さくて丸く、色は黒と赤で、味はとても甘いので、寒冷気候の社会では大変好まれます。この木はカプリン〈カプリンチェリー〉と呼ばれ、高さ約10mに達します。その木質は堅いので、とても重宝されます。用材としてはあまり適していませんが、この木から鐘の鋳造に使われる木材が取れるので、鋳造職人はこの木を収集あるいは購入し、適切な温度を得て青銅を鋳造します。

この事実は少し信じ難く思えるでしょうが、私は確信を持って断言します。私の叔父アンヘル・ガルシアを筆頭とする私の父方の家族が、トラスカラ州アピサコのすぐ近くのオコトスコの村で、鐘の鋳造業を営んでいたからです。子どもの頃から私たちは、この熟練技がどのように施されるかを観察するのが好きでした。鋳造はとても難しく、ある要素の計算を間違えると台無しになり、その結果叔父が腹を立てていたのを何度も目にしました。

したがって、私たちの先祖伝来の文化が、芸術的技術に必要な条件を満たすための要素の1つは、部分的に解決します。陶芸とは関係なく、単に記章を作るためや、メキシコ最古の文化における日常生活での出来事や行事について書き残すために使われたのです。その必要性から磁器化を施すに至りました。ナウィ・オリン協会の私たちは、アストランが清らかな地だと断言します。すなわち、地上の楽園「イルウィコアトル」の世界の中心地で、アステカ人に知識を授けるために神々あるいは異星人が降り立った場所です。

このことは、「ケツァルコアトル」という名の者が、聖なる知識の守護者たち「神智のブラザーフッド」を率いていた事実からも裏付けられます。ケツァルコアトルは「聖なる羽毛のある蛇神」と訳され、メソアメリカ文化において最も象徴的で重要な人物です。全ては関係しています。白翡翠「チャルチウィタトル」の鉱脈は無尽蔵ではなく、白翡翠が抽出される晶洞が尽きてしまった際、白い物質で代用するために工夫する必要がありました。そのため、文化期の記章は既に磁器化された物質なのです。

オフエロスの石の話に戻りますが、疑いがないのは、このような図像的および芸術的な内容を持つ作品を、私たちは作れないということです。とりわけ、古代にアステカ人が贈り物、あるいは個人用記章を作る際に用いた技術を、私たちは持っていません。ここに、白翡翠で作られた遺物の例をいくつか挙げましょう。白翡翠はとても硬く、ドリルや鋼の工具では加工できない鉱物の結晶で、こうした現在の工具では切断できないことが確認されています。

〔図43〕これら4枚の写真には、次の特徴が見られます。左上の写真はチャクモールで、一般的にマヤ文化と関連づけられますが、私たちが見てきたところ、古代メソアメリカ全体に存在する象徴です。

右上の写真は、首飾りの先端だった顔です。珠も白翡翠でできていました。

左下の写真は小さな遺物ですが、驚くことに、イースター島のモアイ像を彷彿とさせます。この遺物はコレクションを構成する遺物の象徴と符合せず、頭部の被り物が異なっています。南太平洋諸島からの訪問者のものかもしれません。

右下の写真は、間違いなくオルメカの頭部に相当し、今日まで「メソアメリカの母なる文化」とみなされているオルメカ文化を表していると理解されます。

そこで、ナウィ・オリン協会の私たちは断言します。この協会は考古学専門の機関では全くありませんが、私たちが考古学的証拠を以って、調査・分析してきたこと全てを前にし、メソアメリカの母なる文化はナワ・アステカ文化であると。なぜならば、ナワ・アステカ文化の方が遥かに古く、また、オルメカ文化は、中国、エジプト、および私たちの有史の文化の融合だからです。この融合は約3500年前に始まりましたが、アステカの進化は約2万7000年前に遡ります。

重要なことは、古代メキシコと中国の文化では、翡翠、インペリアル・ジェイド、および磁器を使って、比類のない芸術的な制作を行っていたことです。その上、私たちの古代文化では、金属製の道具は用いられていませんでした。したがって、高揚した精神が生み出した空想ではありません。私たちが述べたことは、長期にわたる真摯な研究に基づいています。何年にも及ぶ探索で、参考文献や資料を調査してきました。また、住民たちに、畑や建設現場での日常の作業で見つけた歴史的遺物全てを収集する価値について、意識してもらうよう働きかけてきました。

芸術性や宗教性の面で特有な遺物が作られていたのは、アストランにおいてのみではありません。メキシコの他の地域においても、独特な様式や芸術的価値を持つインペリアル・ジェイドの遺物があり、それらの遺物には、表情や態度までもが刻まれています。これらメキシコの遺物を調査した専門家たちも驚いています。

水晶に様々な形で施されたカットや彫刻の技術は全て、失われてしまいました。また、石刻芸術のように、時間的にも空間的にも非常に広範囲なものも失われてしまいました。

〔図43〕

〔図44〕

それは莫大な空白を残し、私たちを驚かせ、当惑させます。

「太古の昔に、オフエロスの石のような物をどのように作ったのだろうか。」このガラス彫刻の形および質は、どのように得られたのか、私たちには説明ができないほどです。あたかも水晶が蠟のように軟らかく、芸術家が熱された筆先で刻んだかのようです。線に修正のある遺物を見つけるのは困難で、これらの遺物が私たちに伝えているメッセージは独特で驚きです。

これらの石は、失われた世界と時のほんの表れなので、私たちを驚きや関心、とりわけ好奇心で満たします。一番気になるのは、「これらの遺物が作られた頃、自然界と社会はどのようだっただろうか」ということです。他にもたくさんの疑問がわきます。そこで、石を手にし、刻まれた線の1本1本を全て分析しようとするのは、とても興味深いことです。

疑問の1つは、まさにここアストランにあります。アステカ人は世界の他の地域の文化と交流または貿易を行っていました。マヤ人や、主にエクアドルとペルーといった南米の古代文化とも商取引があったことが、既に証明されています。

〔図44〕これら並外れて硬い火成岩には、現在の芸術家の1人や2人では施せないと考えられるほど、多様な形に彫られた石刻が見て取れます。とりわけ、これらの彫刻を施した者たちは、いわゆる奥義のような偉大な知識を持っていたに違いありません。その知識が各遺物に表れていて、多くの宗教的および個人的領域において保有されている偉大な知識が反映されています。

ここにいくつかの例を紹介します。オフエロスの石には、同じ物とその用途が表現されているからです。その物の1つは、人身御供のために使われ、おそらく古代ナワ・アステカ人たちの間で医療のためにも使われていた、「トゥミ」という名称の儀礼用のナイフです。これは古代ペルーの先祖伝来の文化を代表するもので、オフエロスの石に何度も繰り返し現れています。これは単なる偶然の一致でしょうか。

〔図45〕これらの写真には、人間の顔をしておらず、手に人間の心臓と思われるものを持っている司祭と、横に何かの表象が見られます。この表象は考古学の世界では明らかにされていませんが、私たちには人身御供のための儀礼用ナイフ2本が表現され

〔図45〕

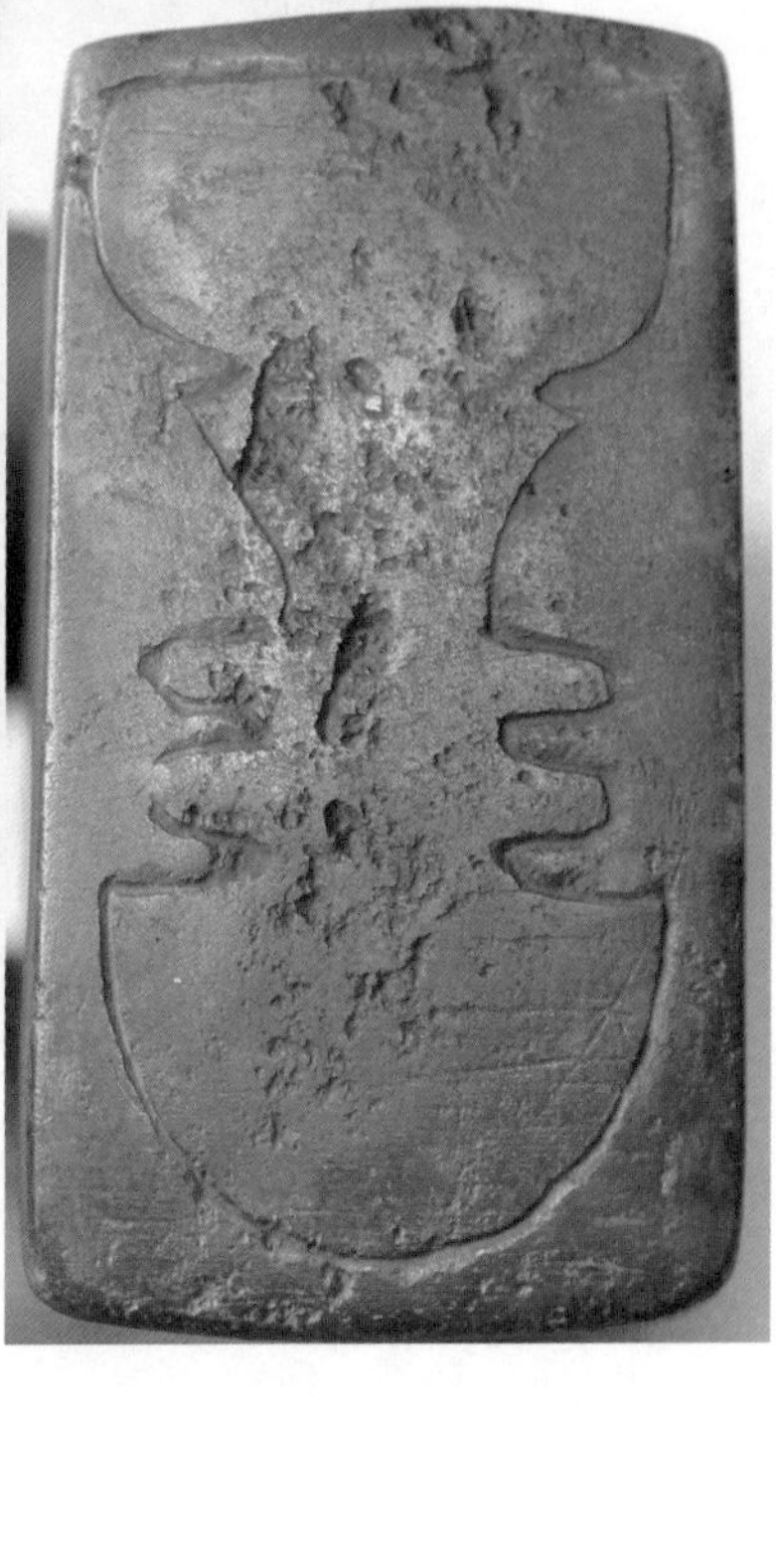

〔図46〕

ているように思われます。上のナイフは古代ペルーの文化のトゥミに酷似しており、下のナイフはテクパトルという生贄用のナイフを思い起こさせます。しかも、下のナイフには〈矢印部分に〉左右丸くなった部分が見られます。これは流れる液体を示しており、生贄となった人間の血液である可能性があります。この種の図柄や形は、多数のオフエロスの石に何度も繰り返されています。

〔図46〕これら左と右上の写真には、ペルーの古代文化のトゥミを思い起こさせるシンボルが見られ、何度も繰り返し現れています。この表象には、目的あるいは機能がないように見えます。なぜオフエロスの石に繰り返し現れるのか不明です。右下の写真は、別のオフエロスの石の例。片端が半月形の同一物がとてもはっきりと見て取れ、ペルーの古代文化の儀礼用ナイフであるトゥミと同じです。また、それは人身御供の際に用いられていたと思われます。

間違いを恐れずに推論すると、太古の昔、私たちの大陸のこれらの文化間で、文化的、宗教的交流が確かにあったのです。

Part 7

オフエロスの石における有翼生命体 II

彼らは実在したのか⁉

古代世界の多数の文化では、翼をもった生命体についての話が語られています。

ここで取り扱う私たちメキシコの古代文化においては、多くの場合、古代ナワ・アステカ人たちの間に異星人の存在があったと推論することはできませんが、異星人との交流があったことは明らかになっています。

先出の写真に見られたように、彼らは指導者であり、芸術や科学の知識とともに、宗教の知識も兼ね備えていました。それに加え、人間と宇宙からやって来た生命体との間の交配について取り組んでいた可能性が非常に高いです。このように述べるのは、多くの石や他の表現において、私たちがＵＦＯとして知っている物体とともに彼らが登場しているからです。いくつかの例を紹介しましょう。

〔図47〕特筆すべきは、何年も前に協会に届いたこの頭部です。色はダークグレーでしたが、時が経つとともに、明るくなってきました。ここに様々な有翼生命体が刻ま

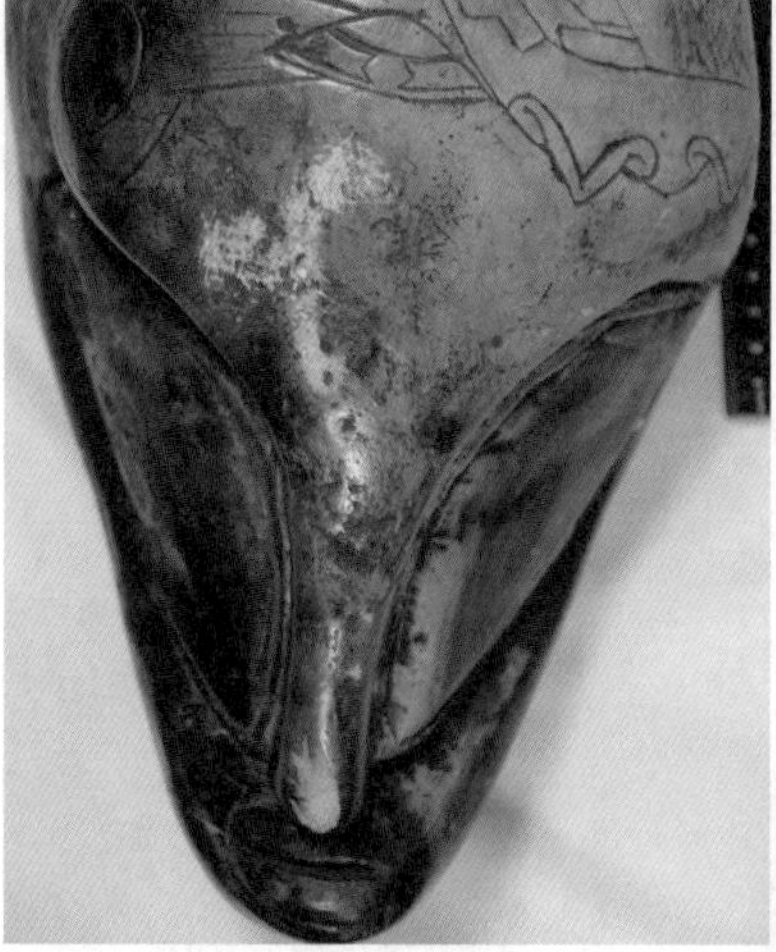

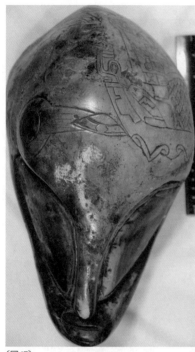

〔図47〕

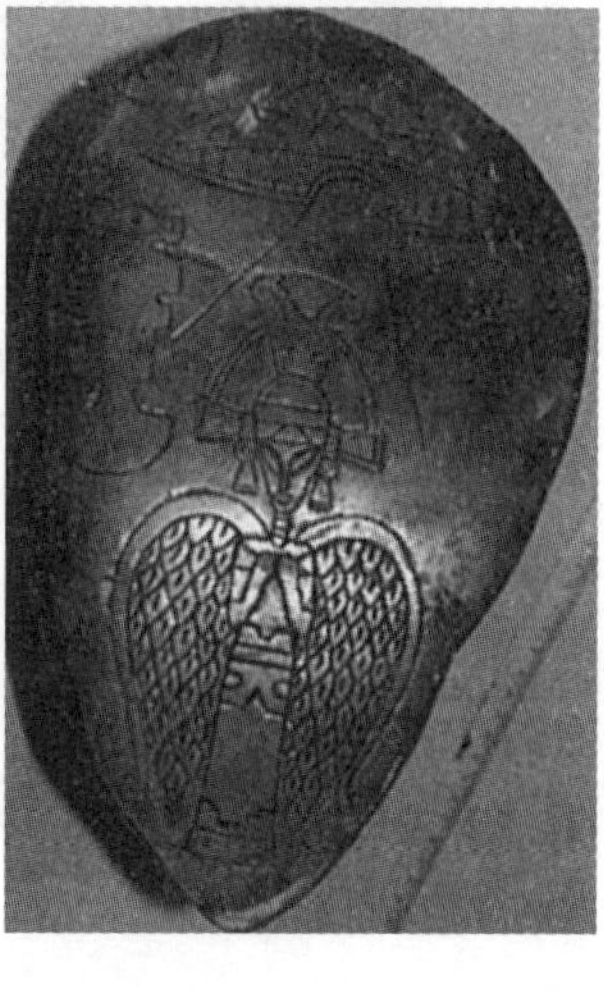

〔図48〕

れており、これからご紹介します。

この頭部は、長さ30×幅19㎝で、厚さが15㎝です。とても重く、私たちが知っているようにグレー色の顔をしています。右に同じ遺物の違う角度からの写真（〔図48〕の上と左下）と異なる遺物の写真（〔図48〕の右下）をお見せしますが、それらに見られるように、異なる行為を行っている3人の有翼生命体が描かれています。

〔図48〕これら3枚の写真には、翼のある生命体が描かれています。上と左下は〔図47〕と同じ遺物の頭部の写真で、右下は別の遺物の頭部の写真です。右下の写真には、有翼生命体が人間ではない小さな生命体を世話している様子が見て取れます。

多くのオフエロスの石に見られるように、翼のある生命体は誰が見ても明らかです（〔図49〕〔図50〕）。有翼生命体は全てのコレクションで見つかり、その象徴には遺物において共通の要素があります。これらの生命体は、人間の容貌を有していません。ほとんどの場合、子どもを伴っていて、子どもの世話をしているか、子どもをＵＦＯへ捧げています。

〔図49〕

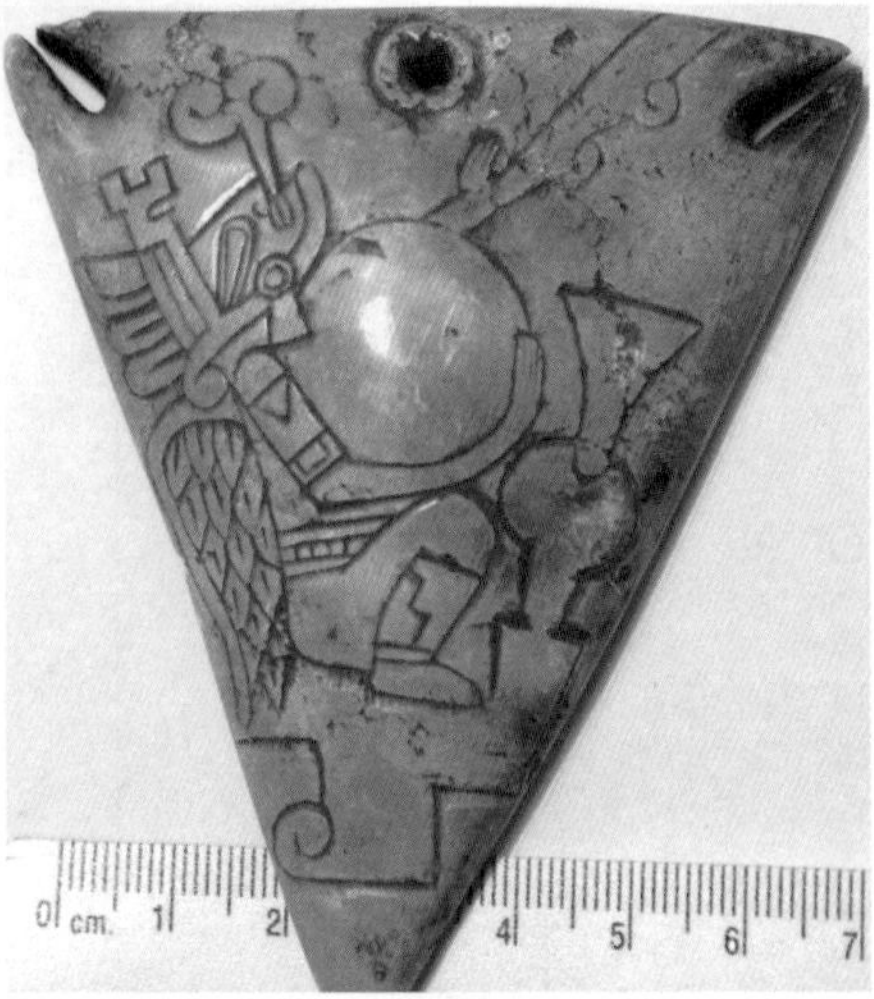

〔図50〕

このUFOが地球にやって来たのは、誰かを取り戻すためか誘拐するためですが、正確な言葉は読者にお任せします。

有翼生命体は見ての通り、私たち全員にとって謎です。生物学的に同種の存在についての手がかりすら、私たちは持ち合わせていません。

こうした事実を前に、私たちの祖先が、これらの不思議で驚きの石で以って、私たちに残したものは何でしょうか。遺物に刻まれたこれら全ての生命体は、間違いなく、不確実性で包まれています。私たちにとって最も驚きだったのは、石刻における経験のある専門家たちがこれらの遺物を観察し、どのようにこの彫刻が施されたのか、形跡が何もないと述べたことです。

すなわち、鉱物の水晶で作られた次の遺物と同じで、私たちにとって全く謎であり、既知のガラス彫刻の形を打ち破るものです。

〔図51〕これら2枚の写真には、緑色の水晶で覆われた火山岩に施された、古代のガラス彫刻の技術が見られます。今日この施工法は知られておらず、現在ではこれを複

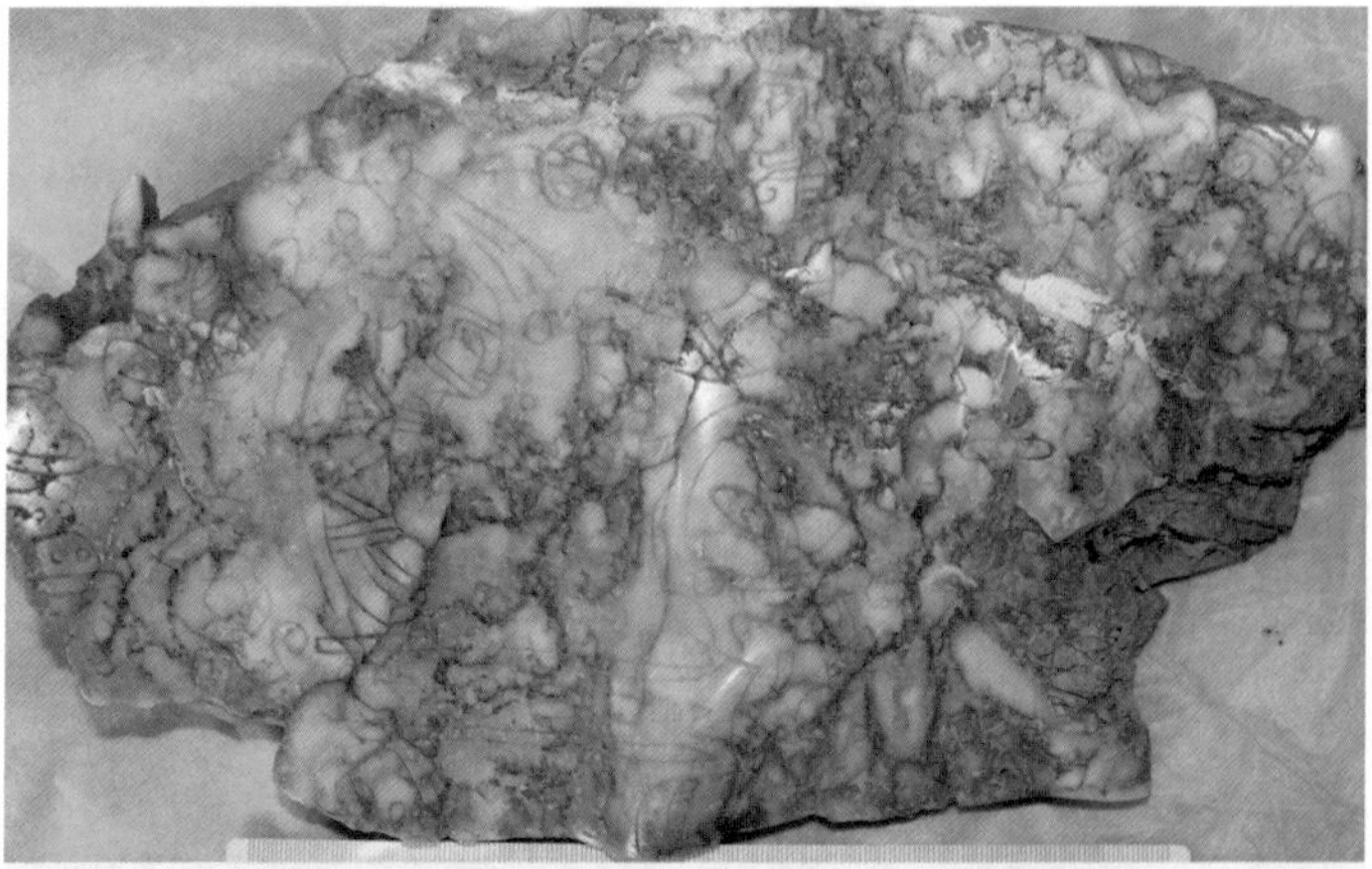

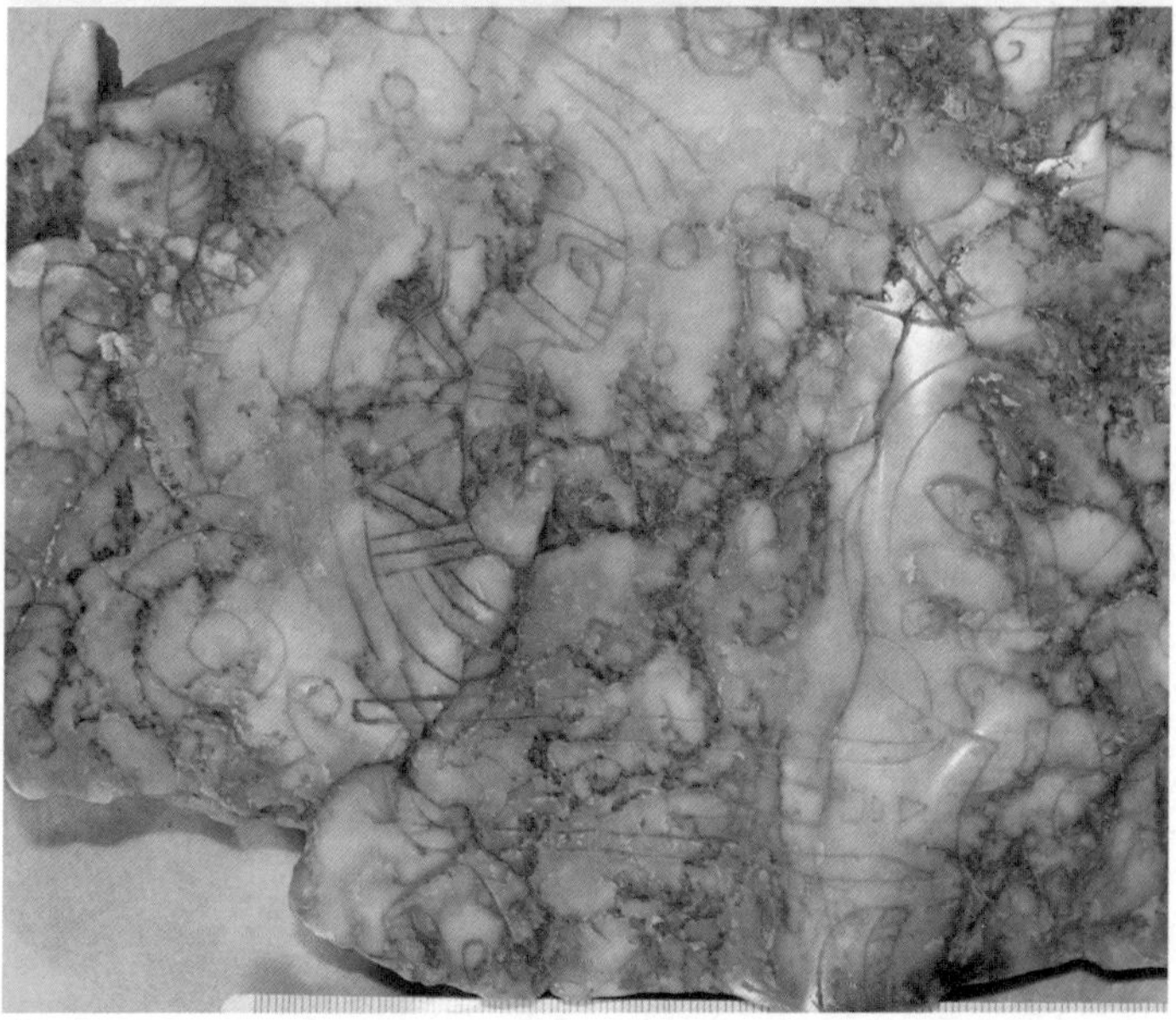

〔図51〕

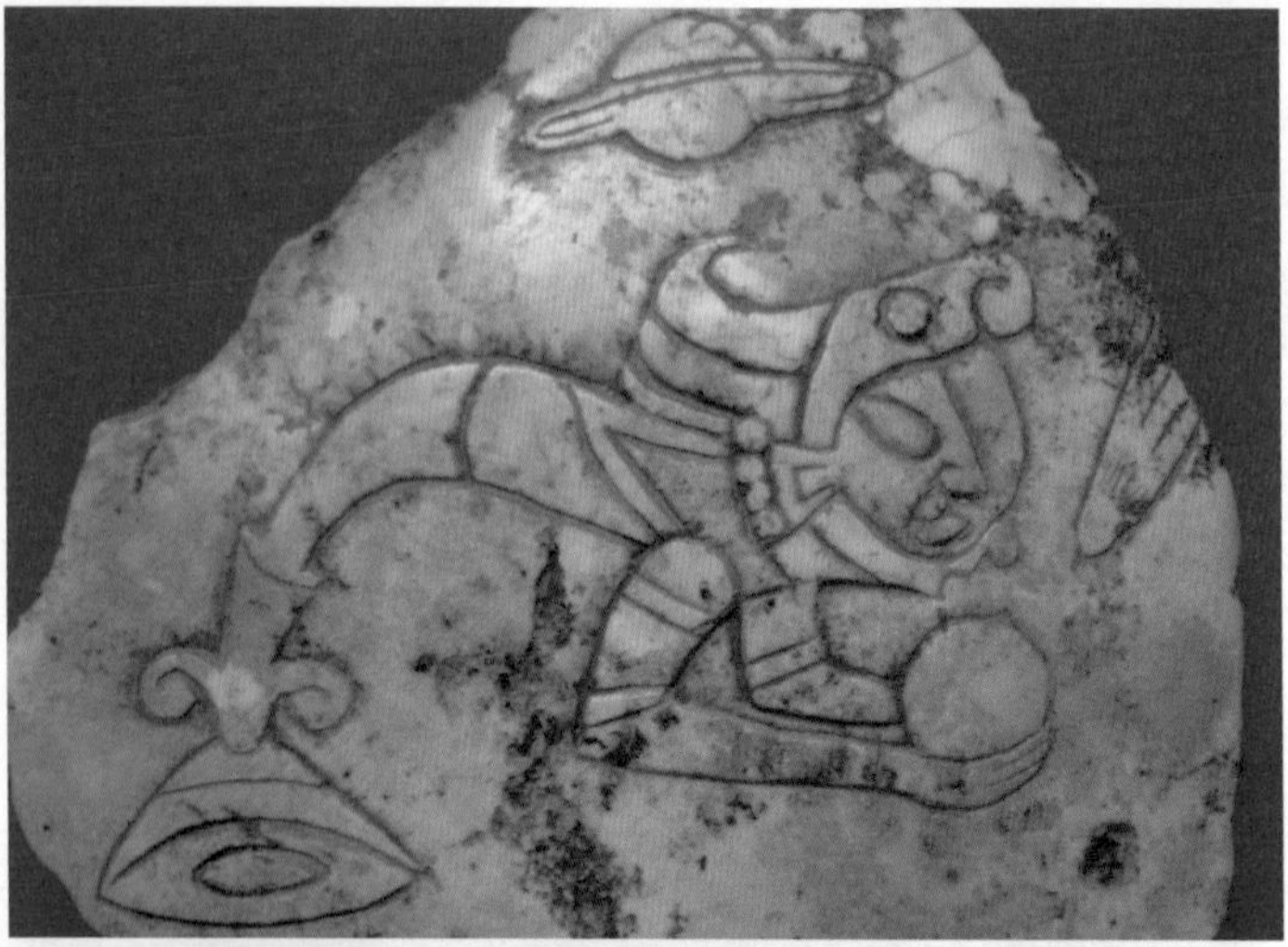

〔図52〕

製することは不可能です。下の詳細な写真には、服を身に着けた、ほぼ人間の形をしている人物が両手に小さな生命体を持っているのが見て取れます。両者はまるで遊んでいるか、意思疎通を図っているようです。刻まれた線はとても細く、古代アステカ人がどのようにこれらの作品を制作したのかは分かりません。

〔図52〕私たちにとって失われたこの古代芸術の例を、さらにいくつかお見せします。私たちが確信しているのは、各遺物が私たちのために、メッセージの内容を各図像や各人物によって表していることです。銀河やいくつかの惑星のような、星と星との間の要素が象徴されていると確信しています。全ての惑星の中で、土星が最も頻繁に描かれている惑星とみられます。

したがって、オフエロスの石の加工技術について明らかにしたいと思います。どのように細工されたかや、その図像的な意味に関してではなく、異星人を象徴する形は1つではないという事実について示したいと思います。

では、再びオフエロスの石における有翼生命体をテーマに取り上げます。これらの不思議な生命体の象徴を含んでいる石は、少なくありません。疑問なのは、彼らは実在したのか、または何の目的で繰り返し、このような古代芸術の形で様々な石に描かれているかです（〔図53〕）。

〔図53〕

Part 8

古代世界における有翼生命体

地球の文明に必ず存在する異種生命体

古代世界の様々な文化では、翼のある生命体たちと共存していた、あるいは時折コンタクトを取っていたことが言及されています。

この生命体は、神の使者、橋渡しとして、または人類の守護者として関与してきました。西洋文化の中にいる私たちにとって一番明らかで、カトリック教、ユダヤ教、イスラム教においてより具体的な例は、万物の創造主から派遣され、日々人と交流している神的な存在です。

私たちが「我らの守護天使」と呼んでいる存在で、聖典に従って、創造主から私たちに与えられています。守護天使の主な役割は、私たちが上の世界、あるいは神界とより良く連絡が取れるように手伝い、または私たちを保護し、日々の生活で困難な状況にある時に私たちを導くことです。しかし皮肉なことに、ほとんどの人は困難な状況もしくは緊急事態の時にだけ、天使に言及し、助けを求めます。普段の状況では、自分の守護天使を思い出しもしません。

これは私自身のことを言っているのです。10歳の時以来、私は宗教、聖書、あるいは宗教の勉強から一切離れていました。それだけではありません。宗教的儀式の礼拝のためにカトリック教会へ行くことさえもありませんでした。宗教やその聖職者について批判し、悪口ばかりを言っていました。

私が17歳だった1973年に、マンサニジョ港のミラマル浜辺で不思議な体験をした後でさえ、このような態度を続けていました。その体験を思い出してよくよく考えても、それは私にとって奇跡だったとしか言えません。まさに個人的な奇跡でした。

当時私は思春期で、女の子や世俗的なことにしか興味がありませんでした。私は兄のアルマンド・ガルシア・サンチェス博士とともに、その地を訪れていました。彼が自分の自家用車を私に貸してくれ、私は先述の浜辺へ向かいました。そこは観光地でした。私は、浜辺にいた綺麗で魅力的なある女の子に目を付け、警戒することもなく彼女に近づきました。もちろん、私たちはお喋りをしました。会話の中で彼女が私に泳ごうと誘い、一緒に泳ぐことになりました。当時、私は泳ぎが上手ではなく、初歩的で不格好な形で泳いでいました。こうして浮かんで、お喋りしているうちに海流が私たちを外海まで連れ去っていたことに、私たちは気付いていませんでした。

名前さえ覚えていませんが、私の一時の彼女が、私たちは引き波にさらわれたので、浜辺まで泳がなければいけないと言いました。その瞬間、浜辺が遠くに見え、距離のため人が小さく見えることに私は気付きました。彼女は泳がなければならないと言い、私たちは直ちに泳ぎました。彼女は私から離れていき、私たちの間の距離はどんどん広がりました。彼女は一瞬浮かび、私の方へ戻ってきて、私に、体を浮かべ、単に波に乗って泳ぐように言いました。試してみましたが、うまく行かず、海洋でただもがいているだけでした。引き波が再び私を外海へと引きずりました。彼女はもはや待ってくれず、少し経つと、彼女が浜辺へ到着し、砂を踏み締めるのが見えました。その直後、彼女は誰にも何も言わずに、自分の持ち物を置いていた場所から荷物を引き上げ、私が海流にとらわれていることを誰にも告げずに立ち去りました。

泳ごうとしましたが、同じ結果で、前に進まず、海の中で単にバタバタしているだけでした。やがて体が疲労し、手足がどんどん疲れていき、とうとう私の言うことを聞かなくなりました。泳ごうとして無駄な動きをしていただけで、疲労が限界にまで達しました。浮いていることもできず、私は海の中に沈んでしまいました。

私は動けない状態のまま、海水に沈んでいくにつれ、水温が変わってゆくのを感じていました。ただ、海底の黒い色を見つめていただけでした。私は心の中で、これが私の最後なのだと思いました。そして、海の中で1人、疲れ切って、もう泳げないと。深海の水の冷たさが、私を現実に連れ戻しました。家族、特に両親を思い出しながら、彼らには墓もなく、墓に葬る遺体もないだろうと考えました。このように両親や兄弟のことを思いながら、自分が負けなくてもよいと感じました。

こうして家族への思いによって、衰弱した体から力を振り絞り、両手だけを動かして、水面に向かって泳ぎました。辿り着くと、海の空気を深く吸い込みました。泳がずに、遠くの浜辺を見つめ、人が小さく見えることを認識しました。しかし、絶望の苛立たしさから、生き延びるために再び泳ごうとしましたが、無理でした。極度の疲労から両腕が反応しなかったので、胴体を動かしました。腕を振り動かし、足をバタつかせようとしましたが、できませんでした。何の成果もありませんでした。腕を動かすために胴体を動かしている間、実質泳げないまま、計り知れない時間が過ぎました。このような状況の中、私は動くのを止めて周りを見ましたが、救助地点はおろか、私を助けられるだろう小型船さえも見つけることはできませんでした。

自分が海の真ん中に1人でいて、誰からも救助してもらえる可能性がないことを理解すると、恐怖を感じ、それがパニックに変わりました。そこで、再び泳ごうとしましたが、私の動きは全て役に立ちませんでした。私は17歳で、若い体力と気力を以ってしても、海洋の力の前では無力でした。救助の可能性がないまま、どれだけの時間が過ぎたのか分かりません。また動けない状態に戻り、海の真ん中で完全に疲れ果て、既に力は微塵も残っていませんでした。再び海の深くに沈んでゆき、どんどん沈んでゆくにしたがって、また水の冷たさを感じ始めました。そして心の中で考えていました。「エンリケ、ここまでやって来たね。」エンリケは私の苗字です。またも海底の黒色を見つめ、水の冷たさを感じながら、私は自分に語りかけました「これが死の冷たさなんだ。黒色は、私の最後の瞬間が近づいていることを伝えている。」

しかし、改めて家族、特に母のことを思い出し、私のことを嘆くための墓もなく、海で失った息子のために祈りを捧げることもできないだろうと思いました。兄弟たちのことも考えました。彼らはもう私と遊ぶことができません。このような起こりうる悲しい状況の中、海底がもはや黒くないことに私は気付きました。黒色の場所の中に白い光が現れていて、海底の反射鏡のようでした。私はとても心地よい温かさを感じ、まるでこの快適な熱の中に留まるように誘われているようでした。同時に、私はとても独特で完璧な心の静けさを感じました。死はそれほど悪いものではない、私たちが信じ込まされていたような破壊的なものではないと感じました。信じられないほどでした。この熱と超自然的な平穏は、あたかも同時に私の全身と魂が初めて融合したのを感じているかのようでした。とても心地よく、恐怖は全く感じませんでした。正反対に、私が過ごしているこの恍惚の境地に居続けたい、この状況を前に全てを手放し、このまま死に向かって進みたいと感じました。

しかし再び家族を思い出し、特に両親や兄弟たちが泣いているところを想像すると、また生き残る希望を持ち、両手の動きだけで海面に上がっていきました。空気に辿り着き、全力で吸い込みました。再度周りを見ましたが、誰かが私を救助してくれる可能性はありませんでした。しかし、家族と両親への愛に突き動かされ、私の奥深くで言葉が生まれました。時が経った今思うと、この言葉は最もシンプルな祈りでした。「我が神よ、お願いです。今日私を死なせないで下さい。どうかお願いだから、私を救って下さい。それができるのは、あなただけです。我が神よ、どうか私を救って下さい。私の死によって、両親や兄弟たちに苦しんでほしくないのです。」

その直後、私は泳ごうとしましたが、極度に消耗していきました。何が起きたのかは分かりませんが、実質、少しずつ浜辺との距離が狭まっていきました。実際に浜辺に向かって進んでいることに気付きましたが、何も感じませんでした。この間、何か感覚があった記憶は全くありません。海から脱したいという望みだけが私を突き動かしていました。私の唯一の目標、私を唯一動かしていたのは、浜辺に到着するという願いだけでした。前進し、人々がより近くに見えてきました。誰かが私を海から引き上げてくれたのだと思いますが、はっきりとは覚えていません。ただ言えることは、私の右足が浜辺の砂に触れた時、魂が体に戻ってきたということです。波の推進力によって、私は足を支えられる場所まで到着し、海水から出ました。私が覚えているのは、もはや波が影響しない所まで、自分自身を引きずっていったことです。そして数分間気を失いました。

私は意識と呼吸を取り戻すと、心臓がとても乱れていて、頭痛がすることに気付きました。砂の上で仰向けになったまま、約30分間その状態が続きました。その後、回復して歩く力を取り戻し、兄の車を止めてあった場所へ向かいました。そして、メキシコのコリマ州にあるマンサニジョ港へ戻りました。

その夜は眠れませんでした。私の兄が私に何があったのかと尋ね、私は起きたことを話しました。数時間前に私が体験したことについて、納得のいく説明ができるかどうかを彼に尋ねました。私が一番気になっていたのは、海の中であのような状況から、どうやって抜け出せたかということでした。彼は私に、そのような状態の中、自力で海から脱出できるはずがないので、奇跡を経験したのだと言いました。

科学的に説明できず、論理的にもつじつまの合わない、同じような驚きの体験をした人は大勢います。メキシコの海、ミラマル浜辺での私の体験はお話しした通りですが、本当は何が起きたのか、いまだに分かりません。唯一言えるのは、私に起きたことは奇跡だったということです。このような状況では、論理や科学的説明は答えを持っていません。ただそれは、私の守護天使あるいは超自然的な救いの手だったとだけ言えます。なぜなら、私の体は自分ではもう泳げる力がなかったからです。まして外海の引き波の状況ではなおさらです。

このように、宗教上の信条や信仰は説明がつきません。しかし、確かに目に見える効果はあり、多くの場合、客観的な形で見られます。例えば、末期あるいは不治の病の患者が完治する、または、超人的な力を発揮するなどです。但し、依然として疑問が残ります。「保護や援助を与えてくれる、または、何らかの力や能力を人に伝えてくれる非物質的な生命体が、私たちの周りに存在するのだろうか。」私たちの大多数には、この疑問が残る

〔図54〕

でしょう。超自然的あるいは超常的な経験をしたことのある少数の人にとっては、何の疑いもありません。これは現実であり、天使の存在のように確証さえし得るものです。天使たちは、翼を持ち、完璧な顔をして、善行あるいは保護の役目を担い、時折私たちを訪問しています。

太古の昔、古代世界の多くの文化では何の疑いもありませんでした。人間とともに暮らしていた生命体が存在し、子孫を持つまでに至りました。つまり、空からやって来た生命体の交配です。彼らは、宗教、芸術、科学、そして遺伝学をも人間に教え込む使命を遂行するために、地球へ降りてきました。

西洋世界における最も直接的な例が、聖書の創世記に見られます。光の子、天使たちが地球へ降り立ち、人の娘たちと知り合い、彼女たちの美しさと魅力を目にし、彼女たちと結婚したと述べられています。この結婚から巨人が生まれましたが、巨人についても、大半の古代文化で言及されています。いくつかの文化では、身長が3から7mだったと言われています。

翼のある生命体の話に戻りますが、ここで見られるように、彼らは空から降りてきて、人間の女性と交配しました。このことは、天の高い所からやって来た生命体とのハイブリッドを示します。もしかして、別の世界からやって来たのでしょうか。
ユダヤ教やキリスト教よりもっと以前、カルデア文化において同じことが言及されています。これらの生命体の名前は「ネフィリム」で、彼らはたくさんのひげと鳥の翼とともに石碑などに描かれています。人間が芸術や科学においてより発展した生活が送れるよう、彼らは天から降りてきて、人類に彼らの知識の一部を伝えました。ネフィリムは多くの石碑に刻まれ、鳥のような翼とともに表現されています。

〔図54〕下の2枚の写真には、シュメール文化の神が見られます。左下の写真は女神イナンナとして知られ、鳥のような羽の翼を有しています。右下の写真は、人間と鳥の混合の神話上の存在で、宗教的知識を有しています。人類に神聖な知識を教え込むためにやって来たと推測されます。

他の古代文化においてもまた、石碑や彫刻に翼のある生命体が見られます。これらの有翼生命体は、特定の1つの文化だけでなく、別の文化でも表現されています。例えば、エジプトでは、隼の神「ホルス」がほぼ全ての石柱や記念碑、ミイラにさえ登場します。半分人間・半分隼のいわゆる鳥人間で、翼と隼の頭を有しています。

〔図55〕この2つの写真は、神ホルスを表しています。死後あの世へ向かう死者に対して審判を下す神です。

これらは、彼らの神々、すなわち、人間に関与する使命を持って天からやって来た生命体を表現した古代宗教の例です。ホルスの場合はとりわけ、死者の人生を評価する任務を負っていました。死者の心臓を天秤に載せ、錘には鳥の羽を置き、もし心臓の方が重ければ、その死者は良い人ではなかったということです。

世界中の多くの古代文化の中に見られる有翼生命体の例を挙げると、とても長いリストになってしまいます。疑問は、「あらゆる文化で幾世紀にもわたって表されている、これら全ての生命体は、単に想像だったのか」ということです。

これは答えのない質問であり、特に物質的あるいは科学的視点から全てを見たがる現代では、なおさらです。そのため、全く素晴らしく空想的な生命体の概念は想像できず、実際に私たちとともに暮らしていたかもしれない事実や、ましてや、より高度な知識を私た

〔図55〕

ちに提供しようとしてくれていた可能性などは、ファンタジーにしか聞こえません。単に古代の神話だと信じられています。私たちが「科学や芸術が人類より進んでいる、半分人間で半分鳥の生命体の存在を信じますか」と質問すると、答えはきっぱりとノーでしょう。それだけではありません。私たちが世界中で最も馬鹿げたことを言っているかのような反応が返ってくるでしょう。

続いて、ギリシャとローマのような、他の古代文化における有翼生命体の例を簡単に紹介します。問題となる2番目の文化は、ギリシャを支配した文化です。古代ギリシャ文化は確かなものとして捉えられ、大半の神的存在がローマ教に採用されました。つまり、ローマ文化はギリシャの神々を自らに取り入れ、それらにラテン語の名前を付けたのです。神話が広がり過ぎないように、最も古典的で西洋世界に広がった例、「キューピッド」を扱います。ずんぐりした体、赤ちゃんの顔、鳥の翼を有した神話上の存在で、矢でいっぱいの筒を持っています。その矢を人間のハートに向け、いたずらをします。キューピッドの矢が当たると、人は一番近くにいる人に熱烈に恋をしてしまいます。それが男性であってても女性であってもです。

キューピッドは空を飛ぶ存在で、その使命はカップルに恋心を抱かせることですが、時々いたずらをして、矢で射止めた人たちを滑稽な状況、または危険に追い込みます。いたずらで、死に至らしめてしまう場合もあると言われます。

ギリシャの神々のメッセンジャーであるキューピッドは、人類に大きな影響力も持っています。なぜならば、人類にとって良くも悪くも神々の使者であり、その意図が肯定的なものも否定的なものもあるからです。キューピッドは一旦使命を果たすと、〈ギリシャの神々が住むと言われる〉オリンポス山にある住処に帰り、人類に向けた神々からの新たな指令を待ちます。

有翼生命体について調査し、極東の方を軽く数え上げたところ、驚いたことに東洋においても、人間に関与していた有翼生命体の情報が大量に存在していました。

古代中国における有翼生命体

古代中国には様々な種類の有翼生命体が存在します。最も傑出しているのは、人間の形

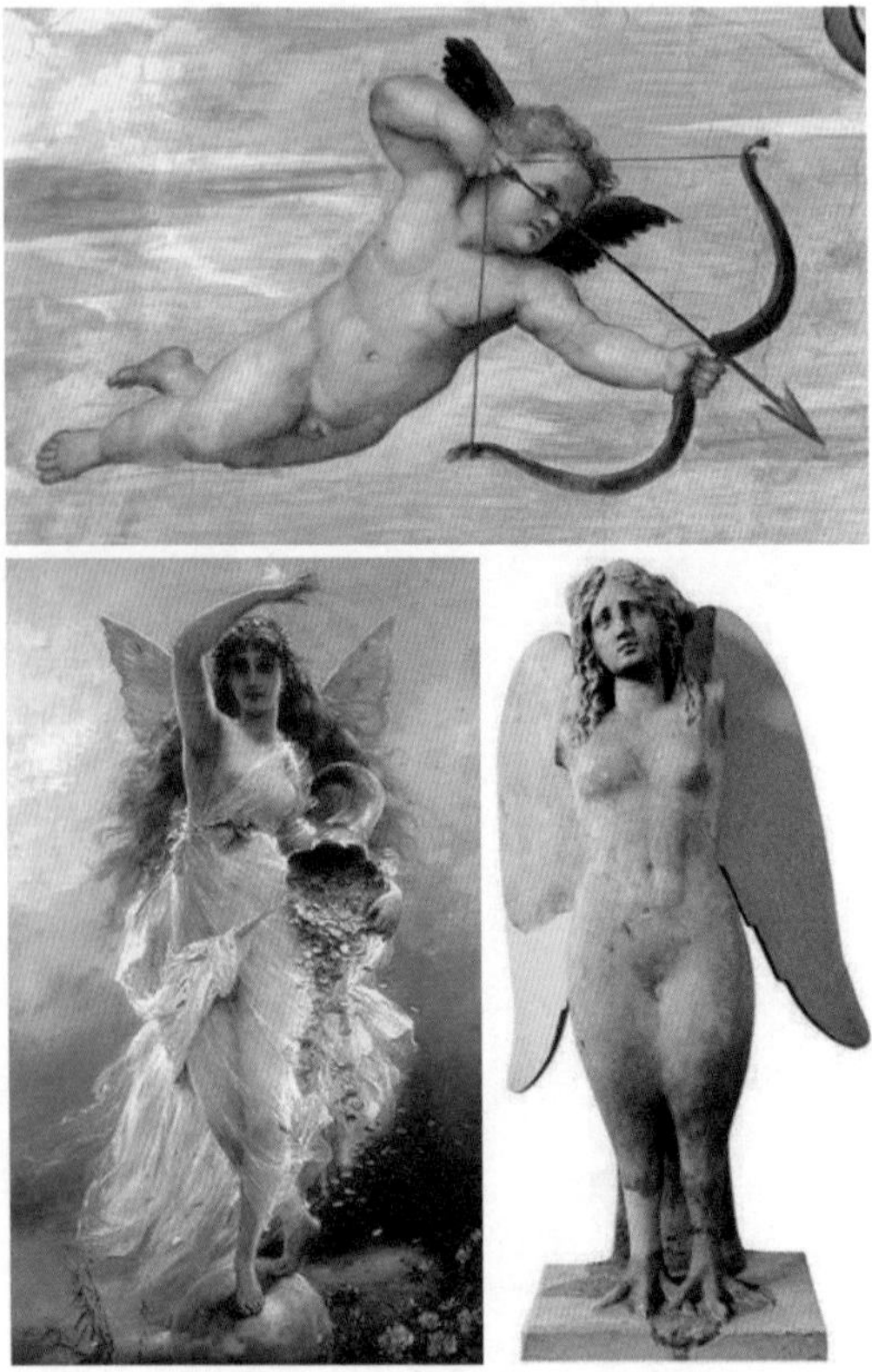

ギリシャの神々のメッセンジャーのキューピッド

はしていませんが、龍です。現在の考古記録によると、中国の歴史は約6000年前に遡ります。初期の中国の文字は約4000年弱前に遡ります。

私たちの現実と時の概念からすると、「伏羲」という人物の存在はとても受け入れられないでしょう。彼は中国皇帝の座を1万8000年間にわたって占めていた人物で、また、彼こそが文字、狩猟、漁を発明したと言われています。

中国の神話では同様に、「女媧」という別の人物が存在します。彼女は伏羲の妹で、1万1000年間にわたり領土を統治しました。3度の世界の天変地異の後、人類を再創造したのは彼女です。

このような特徴を持つ統治者の3番目は「神農」です。彼が統治した期間は一番長く、驚くことに、約4万5000年間だと言われています。彼が農業、畜産、医薬を発明しました。多くの人物が継承した王朝でない以上、前記のことは全て、私たちには空想の世界のように捉えられます。

古代の中国人たちにとって、これらの人物は空想的な存在ではなく、彼らの現実の一部でした。この種の人物に「気」という独自の名前まで付けていました。〈著者に「気」について確認したところ、人間ではなく、神的存在ということを示したかったとのこと。〉

その上、それほど古くない時代に、中国人を統治していた神々がいたと言及されています。他にも、10万人の軍隊を構成し、統治を手伝うために降りてきた天界の兵士たちについても記述があります。

そこで私たちは自問します。神的な王たちだったと言われていますが、明らかに人間ではないこれらの存在は、誰だったのでしょうか。彼らには死という特性が取り除かれています。つまり、彼らは共通の起源を有していない存在だったのです。別の世界からやって来たのでしょうか。古代中国の書物の語りは、それを裏付けています。

もしその通りだとすると、地球外生命体が長い間、中国人を治めてきたということになります。写本『T Chi』〈著者に確認したところ、「ご」はスペイン語にはない音を示しているとのこと。なので、書名は不明です。〉によると、その期間は約1万8000年間です。

中国の古典『淮南子』はキリスト教の聖書の創世記のようなもので、初めには（人類の始まりのことを指しています）、全てが調和的に均衡を保っていて、戦争も病気も、支配もありませんでした。全ては楽園で、そこから天界の精霊たちが、人類の発展のために人間に知識を授ける目的で地上に降りてきました。

但し、この知識は悪用もされ、人間たちは神聖な知識を自らの享楽、堕落、色欲のために利用しました。そのため、否定的または悪魔的なスピリットがその悪い情念を煽るために、人間たちのところにやって来ました。このスピリットたちには翼があり、住処は中国の北西部にありました。彼らはとても強力で奇妙な武器を使って力を得て、天の主と争える程になりました。こうして、空飛ぶ乗り物や大量破壊兵器を使って不可思議な戦いを繰り広げました。

翼のある生命体は「ミャオ」と名付けられていました。ネガティブな空飛ぶ生命体で、そのいくつかの者には爬虫類の特徴がありました。これは私たちの文化との驚くべき一致です。実際、歴史家のW・レイモンド・ドレイクも支持していますが、古代の中国の書物に、戦いが行われ、まばゆいばかりに輝く船が有翼の龍と対決し、天の風を切って進んでいたと記述されています。このことは私たちにとって、ヒンドゥー文化と同じ空中戦の参考になります。

ヒンドゥー文化　ヴィマナ

この文化では、特に「ヴィマナ」と呼ばれる空飛ぶ乗り物の様々な種類が描かれています。古代インドの地で、ヴィマナは神々や悪魔たちによって用いられていました。その武器の特徴の一部さえも記されています。このような記述は『マハーバーラタ』や『ラーマーヤナ』のようなインドの古典に見られます。破壊行為あるいは空中での戦いを実施するための武器も備えていました。これらの空飛ぶ乗り物は主に、金属、雲母、鏡、磁石で造られていました。

この記述は、確実に私たちを現在の技術に近づけるものです。飛行機、ロケット、スペースシャトルは、ほぼ同じ物質で製造されているからです。同様に、「ヴィマナ」という単語も、現在の〈インド西部の〉グジャラート語では飛行機を指します。ただ、自己中心主義の現在の人間は、古代文化について自分たちが確立したものとは異なる現実があったことを、受け入れません。しかし、文化や場所によって現実が変わってきたことが、ますます明らかになっています。私たちは現在、支配権力の都合と好みに合わせて構築された現実を生きています。

発見のたびに、私たちが当然だと思っている現実とは、ますます対照的になっています。現代の技術を持っている私たちだけが、太古の昔にはなし得なかった発展をなし得ると考えられています。しかし、新たな発見は、人類をより広く、たくさんの可能性へとさらに開かれた現実へと押しやります。

書物『マハーバーラタ』のヴェーダ〈インドの宗教文書〉には、「インドラ」という宇宙の主についての記述があります。彼は「アルジュナ」という筆頭戦士に、地球を破壊している「アスラ」と名付けられた悪魔の大群を滅ぼすように命令します。

この勇敢な戦士はインドラの最高のヴィマナに搭乗し、補佐神マタリが操縦する中、インドの北西沿岸に位置するクリスナの町の上空を横切り、激しい戦いを繰り広げます。天界のヴィマナから強力な光線が発せられ、敵を滅ぼします。それだけでなく、〈ヒンドゥー教の神話で特定の神によって用いられたと言われる超自然的な武器〉「アストラ」と認められる最強の武器を使用し、何百万もの悪魔アスラを一瞬にして壊滅させます。爆発は大地に響き渡り、この武器から発せられた光は太陽の光よりも遥かに輝いています。

現在私たちは、疑いの余地なく、これが原子爆弾の描写であると分かります。アスラの軍隊は約3000万で構成されていました。そうであれば、その遥か遠い昔に、戦いに勝つために原子爆弾が使用された可能性は確かにあります。

2つの都市、広島と長崎で原子爆弾を体験した日本人にとっては、何の疑いもないでしょう。この2都市は原子爆弾によって壊滅しました。原爆の爆発は、何千人もの市民を殺し、町を滅ぼしました。爆弾が地上で爆発した時、地震が起きた時のような揺れが感じられました。爆発が破壊的だっただけではなく、爆発が発した光が、目にやけどや大きな損傷をもたらしました。不幸にも、この閃光によって失明した人々がいます。熱や光によってやけどをもたらしたのは、間違いありません。

古代ヒンドゥー文化では、様々なタイプの空飛ぶ乗り物「ヴィマナ」が描写されています。町のように大きいもの、7階建ての建物ほどの高さのものなどがあります。他のタイプのものは、現代では受け入れ難いものです。例えば、馬に引かれた馬車タイプや、神「プーシャン」が使用している山羊が引くタイプ、悪魔「ラーヴァナ」が操縦していた花のヴィマナなど、とても独創的なものでした。同様に、尾と翼を有し、その翼によって飛ぶ「シャクナ・ヴィマナ」という名のヴィマナも描かれています。

マヤ文化における有翼生命体

私たちの国メキシコでも、メソアメリカの古代文化の中で、有翼生命体が言及されています。これらの生命体は、ユカタン半島の文化だけでなく、オアハカ州やアステカ文化においてもその起源の時から、人類に関与していました。まずはマヤ文化から始めましょう。彼らに神格を最初に認めたのが、マヤ文化でした。

私たちがバヤドリド市に程近いエクバラム遺跡を訪問した時の経験をお話しします。1982年、私は第33歩兵大隊の一員として、バヤドリドにやって来ました。その年、その地で、私は当隊の医師として入隊するよう命令を受けたのです。当時は、何度も行ったチチェン・イッツァのような遺跡の話ばかりをしていました。一度私たちは、中央のピラミッドに隣接した神殿の中に入りました。神殿は、その遺跡の「城」と悪く呼ばれていました。その内部には、たくさんのクモの巣があり、枯れ葉や塵が積もっていて、長い間使用されていなかったことが見て取れました。

私たちがとても驚いたのは、このマヤの神殿のほぼ中央に、幅約2・50×奥行0・65m、高さ1・5mのチャクモールの像を発見したことです。おまけに、チャクモールの頭上には、飾りとして蛙まで配《あしら》われていました。私と同様、私に同伴した補給部隊のミゲル・アンヘル・モラレス・ゴンサレス准尉も非常に驚きました。

そこで私たちはその彫像の頭の上に座って、写真を撮りました。確かに、マヤ文化の神聖な像にこんなことをするとは、全く不敬なことですが、私たちは自分たちの発見に大喜びしていました。その時突然、ガラガラヘビの音が聞こえました。薄暗いので見えませんでしたが、音は明らかでした。私たちは恐怖を覚えました。認めます。怖かったです。私たちがヘビの棲みかにいて、しかも見えないのだから当然です。このような状況においては、私たちは不利です。ヘビが私たちを観察していることに、私たちははっきり気付いていたからです。ヘビが攻撃してこないよう、私たちは警戒しました。

そして、その場の床に溜まった塵に複数のヘビの痕跡を見つけました。幅や深さの違う跡があったことから、3匹以上いることが分かりました。そのため、暗闇の中、細心の注意を払って足の踏み場を確認するよう努めました。もしヘビを踏んでしまえば、命取りになるからです。神殿を完全に去る前に、改めてヘビが這った跡を見てみると、大きさの異なる跡がたくさんありました。そんな訳で、外に出られて救われた気がし、私たちは自分たちの無謀さを笑いました。私たちがこの場所にもチャクモールの彫像にも不遜な態度を取ったため、マヤの神々が私たちに警告を与えたのだと解釈するに至りました。それでは、どうしてチャクモールの頭上が蛙で配われていたのかが疑問です。最高に興味深い場所を知るために、私たちはマヤ文化について資料等を読み、調査していましたが、私の友人も私自身も、このような彫刻を見たことがありませんでした。

私の妻、M・A・イルシン・ラミレス・ブルゴスはバヤドリド出身で、私たちは休暇の旅行でその美しい地を訪れました。家族の集まりで、私たちは「エクバラム」という新しい場所について聞きました。妻の家族が住んでいる近くにあるということで、翌日私たちはそこへ向かいました。そこは初めから面白い場所でした。3つの外壁があり、古代マヤ人たちがその都市を占めていた頃、好戦的な時代であったことを示しています。私たちはアーチを通って中へ入りました。ダニエル・ズルという名の青年がガイドを務め、私たちをメインの広場にある記念碑に連れて行き、次のことを説明してくれました。

上部に玉座に座っているエクバラム王がいました。玉座は、現在私たちが知っているような椅子の形ではなく、一種の壇でした。王はジャガーの皮を身に着けていました。記念碑の中ほどには、最高位の司祭が両手に1匹のガラガラヘビを持っているのが見られました。

その直後、私たちはメイン広場を囲んでいる複数ある神殿に向かいました。彼は私たちに、かろうじて復元中だったメインのピラミッドに登りたいかと尋ねました。もちろんです。実際に上ると、様々な作業員や考古学者と思われる人たちを見かけました。しかし、私たちの関心は、できる限り完全にこのピラミッドについて知ることだったので、私は私の家族と妻の家族と一緒に登りました。ダニエルは各詳細を説明してくれましたが、それは彼がピラミッドについて持っている知識を示していました。

その後、私たちはほぼ頂上に着き、このマヤの建造物の高い所にある蛇の牙の大きさに驚きました。すると彼が、それはマヤ独特の世界観の象徴であり、この神殿でイニシエーションや、戦士や司祭のための克服の儀式が行われていたと説明してくれました。

その直後、彼はピラミッドの守護者の彫像2体を紹介し、これらはまるで天使のように翼があると指摘しました。天使はマヤの宗教や神々の一部ではないので、私は初めそのことを信じませんでした。しかし、近づいて一番近い彫像に触れて確認してみると、確かにカトリック教の天使のように翼がありました。これには大変驚きました。天使に似た存在がメソアメリカの文化と結びついたのはこれが初めてであり、私にとっては完全なる驚きでした。

〔図56〕謎の有翼生命体がマヤの王、ウキット・カン・レク・トクの墓を守護しています。この王は770年5月26日、30歳でエクバラムの都市国家の権力の座に就きました。

より最近になって、メキシコの古代文化におけるこの種の生命体が、さらに発見されるようになりました。しかし、不可解で、今日まで議論の多いオフエロスの石を私たちが発見するまでは、数は少なかったのです。

また、メキシコのチアパス州にあるトニナ遺跡でも、人間あるいは人間に似た神の肖像が見つかっています。老人の特徴を有する有翼の存在ですが、彼の役割は不明です。

〔図57〕には、マヤの司祭（頭部の装飾からそのように推測されます）が描かれています。儀式を執り行っているか、あるいは踊っているところです。飾っているのか、または背中に持っているのか、鳥の翼があることは疑いの余地がありません。

〔図56〕

〔図57〕

Part 9

オフエロスの石における宇宙人とのハイブリッド?

遺物が示すのは、明らかにハイブリッド

これは、現在の私たちの社会の様々な分野で、苛立ち、疑念、不愉快さをもたらす質問です。これが確証されても、保守的あるいは宗教的な考えによって受け入れられないでしょう。なぜならば、社会、宗教、進化など様々な事柄の概念を全て変えてしまいかねないからです。進化論や人間の歴史さえ、書き直さなければならなくなるでしょう。

宇宙に存在しているのは私たちだけだというのは、大多数の人にとって明確な現実であり、受け入れられます。ところが、別の世界がある、または、私たちの世界に別の知的生命体がいるというのは、人によっては受け入れられないことです。

そして、人間と異なる文化には人間との間に子どもをつくる能力があると考えるのは、新しいミレニアムの今日、人知にとって、馬鹿げていて悪い意図を持った、科学的根拠がないように見える命題でしょう。人類が創造の中心だと考えている人たちにとっては、なじるに値する非常識でさえあるでしょう。

この概念は、確かにとても無謀です。しかし私は、もっと広い現実の可能性を手放すこ

とはできないと、狭い心に気付かせます。事実、出来事、発見など科学にとって新しいことを受け入れるのは難しいということを、思い出しましょう。人魚やメガロドン〈サメの一種〉の場合のようにです。

しかし今日では、次々と証拠が集まってきています。この点について、私たちは人類の出来事を受け入れるにしても却下するにしても、慎重でなければなりません。

この趣旨について例を挙げます。始生代のある魚は絶滅したと信じられてきました。科学者たちは、それが何百万年も前に絶滅したと、当然のように受け入れていました。しかし、世界中が驚いたことに、絶滅したと信じられていた魚「シーラカンス」がそうではないことが判明しました。まさに世界中が驚きましたが、それが絶滅したことを当然として受け入れていた科学者たちにとっては、より大きな驚きだったでしょう。

この魚は、地球の幾度もの大絶滅を生き延びていました。科学界が驚いたことに、この魚は生き延びて、マダガスカルの海の種として発展し、非常に長い間、漁獲されていたことが確認されました。この島国の漁師たちは、時々この醜い魚を獲っていて、トロール漁業を実施した時はたくさん漁獲していたと語りました。また、年長の漁師たちは、彼らの祖父が特に気にすることもなく、いつもその魚を獲っていたと述べました。反論の余地のないこれらの事実を前にして、（科学界にとっては）絶滅したこの魚を見つけるために種々の海洋探索が実施されました。すると、マダガスカルだけでなく他の海にも、広範囲に多数の生息地が発見されました。

新しい現実を受け入れるのは難しいことです。科学、技術、芸術の権威者たちが、自らの概念を変える必要がないと当然に思っている場合はなおさらです。時の流れとともに変化しなければならない、概念や事実が提唱されるのを見ても、誰も喜びません。議論の原因になることや、自身の判断が間違っていることを受け入れることは、誰も喜ばないのです。

ある卓越した科学者がいると想像しましょう。彼は人知のある分野において、長年にわたって研究してきました。そしてその経験に基づいてある原理を主張します。理論を発表し、それが人知のその分野での最も高い原理になり始めます。その後、科学的要素や事実、客観的な状況が多数現れ、真実だと受け入れられていたものが追いやられます。

例えば60年代には、創造において唯一知的な種は人間だと言われていました。これは何千年も前に唱えられた教義ですが、現在の証拠を前に、音を立てて崩れ去ってしまいました。想像、空想、希望、経験を使い、知り得たことを人知として包括する人間の知能があるだけではありません。実質的に全ての生き物には、意思疎通を図り、気候の変化、光、食糧、環境の温度に反応することや、自己と同じ種とも異なる種とも作用し合うことが観察されています。それならば、人間が創造物の中で唯一の知的な存在であると、誰かが主張、断定するのは、全く馬鹿げています。

他方、一卵性双生児の行動に関する研究が、大変役に立ちます。生き物の行動に関して、海のクラゲのような最も基本的なものから巨大な鯨まで、創造物の全ての生き物は、行動によって支配されていることを受け入れる助けとなるからです。

狩猟、採集、生殖のような最も基本的な反応は、高次の脳反応によってのみ行われているのではなく、生き物の行動は遺伝子によって条件付けられています。人間の行動も、他の生き物の行動も同様です。いくら知的な生き物であっても、社会的存在としての振る舞いの大部分は、遺伝的行動に相当します。そうであれば、基本的な刺激に対する反応の多くについての疑問、どうして世界中の生き物や人々が、多様な刺激に対して同じ、あるいは似た反応をするのかの説明がつきます。

出生の時から生き別れになってお互いのことを知らない双生児は、人生、反応、仕事、配偶者までも、よく似ています。また、共有した感覚が存在すると言われ、一方が感じたことを、もう片方が感じ取ります。このような類似性は、1つの国においてだけではなく、世界中で見られます。

例えば、双子の一方がミシガン州に住んでいて、もう片方がカナダの南部に住んでいたとします。時が経って再会すると、離れた状態では理解できなかった感覚あるいは感情を経験していた理由が分かるのです。

科学が大きく発展し、それが1つの分野においてだけではないのが分かれば、私たちはより広範な現実を知覚できるよう、頭の中を準備しなければなりません。事実の1つは、宇宙にいるのは私たちだけではないということです。つまり、科学や技術を使う知的存在という、私たちの概念とは異なる知能が地球上に存在するということです。現在の私たちの科学の進歩と比較すると、おそらくもっと進歩した知能が存在するでしょう。

古代の巨石建造物、つまり、どのように建造されたのか今日まで分かっていない古代建造物の建設が、その例です。そのため、私たちは完全に正しいとされている概念を再構築しなければなりません。しかしそれは、私たちの現実は唯一で最も発達しているという、頑固で強情で独断的な頭には好まれません。古代文化において巨大な石が動かされたことを思い出しましょう。今日、私たちの科学の進歩を以ってしても、それを動かすことはできません。その例が私たちの国にあるオルメカの巨石人頭像で、荒れ果てた大地の上、約80㎞もの距離を運搬されました。これらの彫像が石切り場で完成されたことは、運搬方法に関して完全に信頼性が置かれていたという印です。

同じことがソロモン王の神殿の礎石にも言えます。重さが約1300トンだと見積もられているからです。また、ペルーのサクサイワマン〈遺跡〉のメインの広場にある石組みも同様です。古代には非常に硬い岩を切断する工具の技術がなく、機器やクレーンのような重機を持つ能力がないのに、どのようにこれらの岩を運搬し作業をしたのか、説明がつきません。運搬方法は謎です。ギザの台地にある古代エジプトのピラミッドの建設についても同様です。そこで時と人間の行動に挑んでも、どのように建造されたのか、理に適った説明ができる人はいません。

したがって、紛れもない事実や、過ぎ去った太古の文化的、社会的あるいは宗教的側面を目にした者は、合理的または科学的に説明することはできなくても、理由を説明できないという事実で以って、私たちが見てきた、古代の建造物のように客観的なものを捨て去ってもよいという意味にはなりません。

このモノローグでの長い前置きは、読者に現実についてより広い概念を持ってもらうためです。なぜならば、私たちの国メキシコのハリスコ州オフエロスで発見されたものは、今日だけでなく最古の時代から人類によって確立されてきたことを打ち破るからです。私たちより知的な存在はいないということや、私たちが創造の中心だというお決まり事は、現在世界で出現していること全てによってぐらついています。

オフエロスがアストランであると、私たち、ナウィ・オリン協会のメンバーは受け入れています。それはメキシコ国民の根源の地であり、アメリカ大陸の北半分に住む者にとって最も神聖な場所です。

そのオフエロスの石質およびガラス質の遺物、特に5つの協会が所有していて文化歴史的流れを汲むものは、既に世界で「オフエロスの石」として知られ、人類としての私たちの起源について、たくさんの手がかりをもたらしてくれています。人類の量子跳躍、私たちが原人から思考する、理性を備えた人類になった瞬間を説明できるようになる可能性があります。

生物学的あるいは進化論的観点からは、私たちが動物であることをやめ、支配種を構成するに至った理由も、古代世界のほぼ全ての文化における歴史的瞬間も、説明することはできません。同様に、とても短期間で、どのようにあれほどの著しい発展を遂げたのか、いつ採集をやめて農業や建設を始めたのかも、説明できません。

太古の世界全体で、ある民族グループが突然、何もないところから進歩を遂げるという社会的現象が起きました。まるでその社会の一部の個人に、突然神のインスピレーションがやって来たかのようです。人間の視点から見てとても短い期間に、なぜ一部の社会が目覚ましい文化的発展を遂げたのかを説明できる前例はなく、その知識の出所について明確な説明はありません。

このことは、中国、古代ペルー、エジプトなど、実に多数の文化で言えることです。突然、驚くような文化的、建築的、宗教的な作品を生み出しました。これらの古代文化全てに共通する要素は、それらの歴史または神話に、これらの知識が天あるいは宇宙からやって来た存在によって、彼らに与えられたと明言されていることです。

したがって、私たちの先祖の文化も例外であるはずはなく、特に先史時代から定住されてきた場所ではなおさらです。ここは、数々の発見で私たちを魅了してやまない驚きの場所で、その起源は、何百万年も前に大陸のその地域が形成された時に遡ります。

特筆すべきことは、セロ・デル・トロの中核部分が火山性で、その主成分が赤色の花崗岩と白色の石英であることです。この2つの天然物質は、丘にとても高い電磁場を発生させるので、丘では方位磁石が機能しないほどです。

ある方向に歩いていると、磁針が回転し、特定の方位を示しません。これは重大なことです。なぜならば、人間の身体の働きと、その場にいる生き物に影響を与えるからです。私たちがこの不思議な丘へ連れて行った人たちは、顕著でとても心地よい体験をしています。幸福を感じ、より活力を感じ、一日中歩いてもあまり疲れません。2012年にペルーのシャーマンの一行がオフエロスにやって来て、丘に連れて行くよう私たちに頼みました。帰り道、彼らは驚きを表しました。場所についてではなく、現地の住民が丘のエネルギーを活用するようなことを何もしていないからでした。実際、ナウィ・オリン協会の私たちも、アステカ人たちが彼らの歴史に残したように、この不思議な丘を世界の〈中心を意味する〉へそ〈スペイン語のこの単語には「へそ」という意味と「中心」という意味があります。〉だと断言します。私たちはもう1つこのような場所をペルーに発見しました。そこには世界のもう1つのへそが存在すると言われています。それはクスコですが、〈クスコはケチュア語で〉そのスペイン語訳も同じく「世界のへそ」を意味します。

ここで再び、古代の意思疎通の手段や思想の教化のテーマを取り上げます。私たちは、アステカ人たちが例外ではあり得ないと言いました。私たちの祖先の文化は、世界で類を見ない石やガラスの記録を残しました。アステカ人たちは行動、土地、血統、捧げもの、国など、彼らの文化的および社会的世界を構成した全てのものを記録していたことがよく知られています。

これらの記録は、アメリカ大陸の先史時代に始まりました。アルフォンソ・リカルト博士は、最古の遺物が2万6000年前のものであると、私たちに報告しました。

これは、遺物を構成する様々な岩石や結晶を結合させている接着剤であるゴムを、炭素14年代測定法で分析した結果です。指摘しておく必要があるのは、この測定法が有機物ではない物質には機能しないことです。つまり、鉱物の結晶や岩石その物に適用することはできません。

遺物の年代は、機能し続けている古代の接着剤、ゴムを分析することによってのみ測定されました。グアダラハラにある別の協会が、同じタイプのサンプルを年代測定したところ、1万6000年という数字が出ました。そのため、大陸の初期の住人による石刻芸術とみなすことができる石が存在しているのが分かります。

また、私たちの国における最古の定住跡は、ラ・ペラ洞窟やサン・ルイス・ポトシ州のランチョ・デル・セドラルにあります。そこでは、焚き火や獲物の骨などの人間活動の跡が発見されています。2万7000年前のものです。

そこで示しておきたいのが、アステカ暦には2万6000年前の年表があり、世界的な大災害によっていくつもの人類の時代が終わったことが記録されていることです。その大災害とは、自然全体に影響を及ぼし、人類に存在の危機をもたらしたものです。述べておかなければならないのは、約5200年前に世界全体と人類に甚大な被害を及ぼした天変地異があったことをアステカ暦が記していることです。これは根拠のない、単に先祖伝来の神話かもしれません。しかし、実際5200年前に黙示録を思わせる地球規模の天変地異が起きたことが確認されています。

地球規模の気候変動により、世界中の氷が溶けています。パタゴニア、ペリト・モレノ氷河では、氷が後退し、地面と氷の間に新鮮な植物がむき出しになっているのが観察されました。これは奇妙なことですが、同時に疑問がわきます。もし植物が氷河の底にあって、この氷が植物を覆い、植物が劣化しなかったのであれば、その植物はとても古い年代のものであることを意味します。それでは、どれくらい古いものでしょうか。

全ての観察の結果、気候変動は急激な形で、数日間、おそらく1週間足らずで起こり、植物の状態は何も起きなかったかのように保たれたという結論に至りました。炭素14年代測定法により年代を測定したところ、5200年という数字が出ました。

科学的に証明されたのは1箇所だけでなく、世界中の他の氷でも確認されています。南極や北極、世界中の氷河、火山、グリーンランドなど世界中の氷が調査されたところ、同様に、5200年前に世界規模の気候変動が起きたことが認められます。このように、アステカ暦の第4から第5の太陽への変化が確認できます。

ところで、約1万年から1万1000年前に別の大規模な気候変動が起きたと、ますます正式に考えられます。つまり、最終氷期はその時代に終わり、世界中の大型動物相にも影響を及ぼしたということです。この時にアメリカ大陸では大部分の大型動物相が絶滅しました。これは古生物学でよく言われている事実です。最後の氷河期が終わって世界中の氷が溶けたのであれば、大量の水が地殻に破壊的な影響を与えたはずです。これがおそらく大洪水として知られているものでしょう。

重要なことは、世界の多くの古代文化において、地球規模の大災害について記録されていることです。中国の文化では、世界規模の災害によって被害を受けた人類の時代が幾度もあり、人類は生き延びて復活を繰り返したことが語られています。マヤ、エジプト、バビロニア、ホピの文化においても同様です。オーストラリアでは、人類は何度も危機に遭ったと伝えられています。しかし、これらの文化では、何度破壊があったのか、いつ起きたのかが述べられていません。

幸い、私たちにはアステカ暦あるいは太陽の石があり、私たちの祖先の文化によって、過去に4回大災害があったことと、約5200年周期で人類に被害を及ぼしたことが刻まれ、記録されています。これは正確な数字ではなく、平均値です。

続いてご紹介することが、とても無謀で危険なことは承知しています。ただ、アステカ暦によると各時代間が大きく離れているということも、オフエロスの石に刻まれています。それを裏付けるため、ネコ科の動物が彫られている1つのアステカの遺跡をお見せしましょう。ご自身で判断して下さい。

〔図58〕このアステカの遺物は石の彫刻で、中央の人物の背中に明らかに猫のような頭が見られます。現在のアメリカ大陸のネコ科の動物のいずれにも相当しません。これは紛れもなく、1万年以上前に絶滅した剣歯虎のイメージに相当します。このことは、剣歯虎とともに暮らしていたか、またはそれを狩っていた人が、この遺物を制作

〔図58〕

したことを示しています。

それでは本章のテーマに戻ります。単刀直入に、どうして他の惑星から来た、アステカ人より技術的にもっと進んだ生命体との交配があったと考える余地があるのかを説明することに集中します。それをするにあたり、私たちは1つの遺物だけを根拠にしているわけではありません。5つの協会全てにおいて、交配を表すと思われる象徴の様々な形態が発見されています。

宇宙からやって来た他の知的生命体が存在することを受け入れると口にするだけでも、議論を生じさせることは分かっています。誘拐やこれらの文化と人間との相互作用のテーマは、私たちが取り扱っているテーマと同様、根拠に欠けているように見えます。しかし、アステカ人たちは遥か昔から自分たちの行動を記録していました。その記録は幸いにも、時の経過にも耐える物質の上に残されました。1世紀や1000年ではなく、おそらく約2万6000年もの時の経過をです。

私たちは、他の世界から生命体が生殖する使命を持ってやって来たことを示すアステカの遺物が多数存在することに、根拠を置いています。私たちがUFOとして認識しているものから降りてきた、人間とは違う生命体が表現されている遺物を初めて見た時、私たちは疑いを抱きました。そして、数秘学とアステカの図像学を元に個人的な解釈を行いました。

〔図59〕２０００年に観察、回収された初めてのアステカの遺物です。

私たちは驚きました。明らかに上部に母船が刻まれているからです。その下には探査船があり、そこから、レプティリアン〈爬虫類型宇宙人〉を思わせる蛇のような胎児4つとともに非人間生命体が降りてきます。これは、その生命体が生殖の使命を担っていることを示しています。

右側には別の形成中の胎児がいます。縁にある人間とは違う3つの顔は、アステカ人を観察または偵察していることを表しています。中央の左上部には人間の足跡が刻まれており、誘拐を示しています。

ＵＦＯには乗降口や出入りの扉が完璧に備えられており、飛行態勢にあることに注目して下さい。観察すればするほど、驚きの遺物です。

〔図59〕

私たちは、何千年も前のアステカ人の特質を踏まえて、考えようとしなければなりません。また、他の古代文化に起きたことも考慮しなければなりません。

空飛ぶ物体がやって来て、人間に似ているけど完全には同じではない生命体が降りてくるのを目撃すれば、最も当然の反応として、それらの生命体を神として捉えます。したがって、宇宙からやって来た神格の生命体たちとともに暮らせることや、彼らと生殖関係を持てる、生殖を行うことは、素晴らしい驚きで受容されたに違いありません。

私たちは、生殖活動中の両性具有と思われる非人間生命体を見ているだけではありません。また、どのような形でそれが行われるのか、あえて想像することさえしません。自然な生殖、あるいは、体外受精のような人工的なものかもしれません。膨らんだ胸やお腹のように、明らかに妊娠を表している非人間の雌が描かれた遺物が多数存在します。このような妊娠女性の象徴ばかりでなく、人間の特徴が完全には備わっていない子を出産する瞬間が描かれたものもあります。

先に進む前に、先述の妊娠した非人間の雌の姿をお見せします。


〔図60〕これらの3つの遺物には、妊娠した雌が見て取れます。注目すべきは、1枚目（左）の容貌が、完全には人間のものとは言えないことです。出産が始まる姿勢をしている雌が表されています。彼女の下に見られる顔は、新生児かもしれません。2枚目（真ん中）は、明らかに人間の容貌を有していない雌で、胸とお腹が膨らんでいます。3枚目（右）の遺物は、別の未知の種に相当する雌で、宇宙人である可能性があります。間違いなく妊娠しています。あえて言うと、この地にいたのであれば、配偶者または父親はアステカ人でしょう。

〔図61〕妊娠中の非人間の雌が表現されたものです。右側の写真には顔が描かれています。その顔は子どもの種族を表しています。完全な人間の顔ではありません。もしアステカ人たちの間に存在していたのであれば、父親が人間であった可能性が高いでしょう。

疑いのない事実は、妊娠した非人間の雌が描かれているだけでなく、人間と生殖する目的でやって来た宇宙人が他にもいることを示している可能性が高いと思われる表象が、他にも存在することです。陰茎に相当すると思われる象徴と、器あるいは女性の腹に相当する丸が何度も現れています。古代メソアメリカ人は、自分の妻に〈容器を意味する〉「ヒカラ」という名前を付けていました。この言葉は今でも、いくつかの先住民族の間で、自身の妻を「自分のヒカラ」として紹介する時に使われています。これは不思議なことではありません。祖先の文化では、豊穣の女神は種〈スペイン語で、「種子」と「精液」の両方の意味がある単語〉の保管場所である容器とともに表現されていたからです。このことは、女性があたかも容器のように、種あるいは精液を受け入れることを意味しています。このような概念は、妻の捉え方が大変異なる現代文化の私たちにとっては釈然としないものです。これらのシンボルはかなりの頻度で見られ、両性具有の雄の宇宙人と関連しているようです。

これらの証拠を前に、先住民たちの遺跡に表現されたことは、本当ではなく空想で、私たちが偽っているか誇大妄想なのだと疑うかもしれません。

そこで、非人間の雌が出産している場面が完璧に描かれた遺物をお見せします。間違いなく、これらの出産はアステカ人たちの間で行われたものです。そうでなければ、これほど正確にその様子を表すことはできません。次の遺物では、雌が非人間の子を出産する場面が描かれています。この子は母親と似ています。胸が突出していることに着目して下さ

〔図60〕

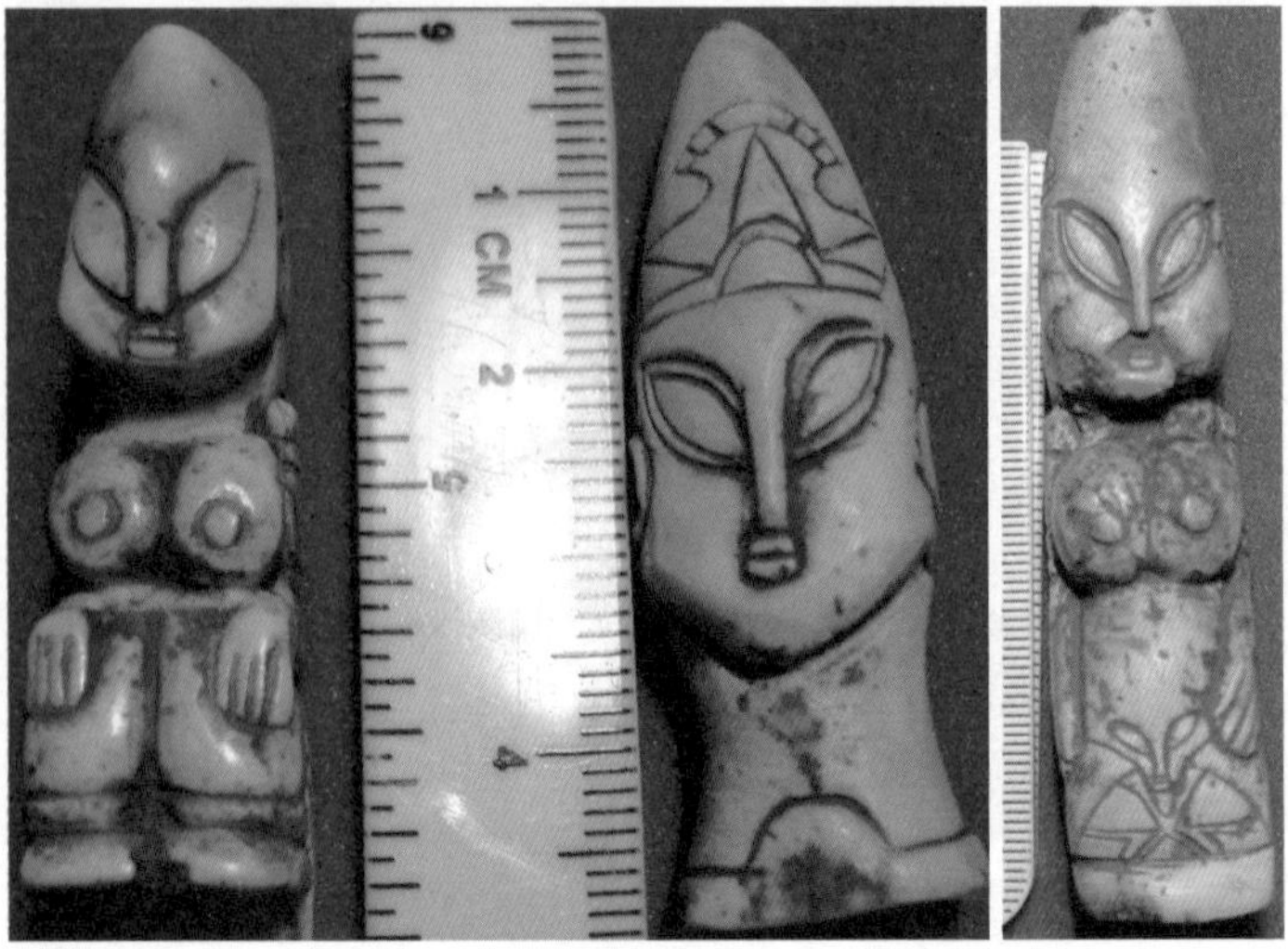

〔図61〕

〔図62〕

〔図63〕

い。妊娠している可能性が高いです。

〔図45〕 P158参照。火山岩に刻まれたアステカの遺物で、表面は磁器化された物質を思わせます。実際、一部のアステカの遺物については、表面が磁器であることが科学的に確認されました。私たちは、磁器の遺物だと言っているのではありません。表面が確かに磁器かもしれないと言っているのです。古代メソアメリカの文化には、この技術は存在していなかったと信じられていましたが、私たちの大陸では知られていなかった陶芸技術を、これほど正確に施せるまでに技術的進歩を遂げたことが、ここで明らかになっています。

同様に、丸と陰茎のシンボルが、本当に多数のオフエロスの石に見られます。これらのシンボルは生殖行動と関連があると、私たちは考えています。いくつかの例をお見せします。

〔図62〕 ここに見られるように、この2つのシンボルの関連性や、雌と雄という二面性が確かに存在すると思われます。雌を示す丸に向けられた陰茎は生殖、子孫をもうける行動を示している可能性があります。空想的だと思われるかもしれませんが、まさに数々のオフエロスの石を目にし、調べてきた私たちにとっては、石が伝えているメッセージは明らかで、このような形で関連付けられるのです。

〔図63・64〕とても客観的で疑う余地のないもう1つの証拠は、これら非人間生命体の子どもとしての、小さな生命体の数の多さです。彼らは雌またはアステカ社会で高い地位にある人物の腕に抱かれています。社会的地位は、身に着けている衣服や頭の装飾などから判断できます。本当に多くのオフエロスの石には、ＵＦＯを彷彿とさせる船がやって来たところが刻まれています。船は地球外生命体を連れて来て、頭に装飾のある人物が彼らに子どもたちを拉致させるためかのごとく、高く掲げている様子が推察されます。注目したいのは、この子たちの中には、完全な人間の容貌をした者は1人もいないことです。

私たちは単に熱狂的な考えに囚われているとか、あるいは読者に架空の衝撃を与えよう

〔図64〕

としているのではありません。本書は決して科学的なものではなく、私たちが慣れ親しんだ現実よりもっと広い現実について、できるだけ多くの人に考えてもらうことを目的とした客観的な叙述です。私たちには、実際の世界やメキシコの歴史が含有する現実より、もっと限定された現実が教えられてきました。続いて、私たちが扱っているテーマについて、決定的で客観的な遺物を紹介します。そのテーマとは、別の世界から来た生命体、あるいは仲間との交配の可能性です。そこで、これらの写真を読者の判断に委ねます。

〔図65〕人間であるアステカ人女性が子どもを出産している瞬間が表された2つのアステカの遺物。子どもには完全に人間の特徴があります。注目したいのは、右側の遺物で女性が痛みと、人生のこの決定的瞬間における決意が表されていることです。母親にとっても生まれる子にとってもそうですが、みんなこの瞬間を迎えました。現在では帝王切開と呼ばれる外科的手法によって変わってきましたが、出産に関して、オフエロスの石には左記のように表現されています。したがって、人間が非人間生命体と接触を持ち、非人間の赤ん坊を産んでいたという事実に、具体的で客観的な形で余地を残さなければなりません。

〔図66〕このテーマや、人類に宇宙人の遺伝子が入っている可能性に余地を与えるだけでも、物議を醸すことは分かっています。完全にナンセンスに見えます。もしこんなことを中世の時代に発言していたならば、中世イタリアの修道士サボナローラと同じことになっていたでしょう。今日、宇宙人の遺伝子が知られていないので、宇宙人と人間との間の遺伝子交配が本当に存在したかどうかを、確かめることはできません。

このように、私たちにはとても重要な理論があり、それによって進化における人類の量子跳躍を説明できることを表明します。進化とは別の介入が確かにあり、この進化を可能にしたものは、自然淘汰や生き物の生活の進化だけではなかった可能性があります。

私たちが宇宙人と呼んでいる、今まで知られていなかった生命体との遺伝子交配が行われていた可能性があると考えるならば、私たちが創造物の頂点にいることが、自然の原因だけによるものではないことを受け入れられます。

受け入れられていない考古学的証拠を前に、少なくとも、私たちはダーウィンの理論とは異なる道を選ぶことができるでしょう。このように、単に理論や空想に基づいただけではない形で、より進化して、科学全般において進んだ生命体と直接的な関係が存在したと言えるでしょう。ただ、今日ではまだ、私たちの理論を反証できないような形で証明できていません。

〔図67〕最近、私たちの活動は国内のいくつかの出版メディアの関心を引き起こしました。例えば、雑誌『レオン　芸術と文化』（2013年12月、当年2、22号）でファン・カルデナス・モンタニェスと写真家のミゲル・ララ・ロドリゲスとのインタビューが掲載されました。彼らは探索を行い、雑誌用に資料を集めました。リポーターの姿勢は明らかでした。私たちが慣れ親しんでいる見方よりも広い現実を許容すべきで、その現実は私たちが今日まで当然と捉えてきたものとはかけ離れているというものです。遺物も自らそれを語っています。妊娠した非人間の雌が描かれているということは、疑いの余地なく、私たちが宇宙人との交配の結果である可能性が存在するという、ほぼ客観的で、とても強力な証拠を構成しています。

今日まで、人類の歴史に関して世界中で様々な発見がなされてきました。別の存在形態

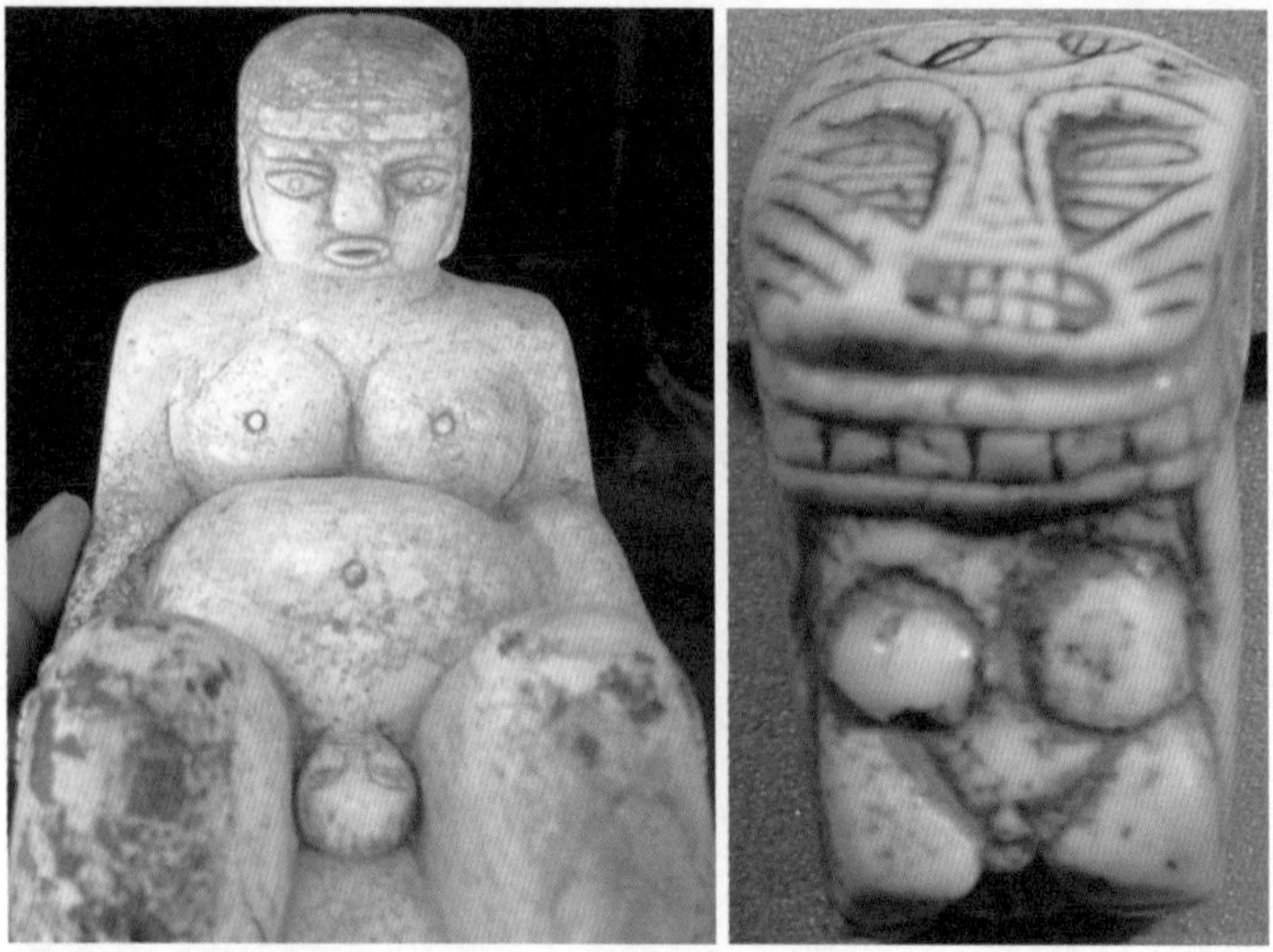
〔図65〕

〔図66〕

と、人間のグループにおいて行動する他の方法があったことを受け入れるのは、容易ではありません。

　再び述べますが、伝統的な考古学によって受け入れられている事実は、洗練されて文化的な確立された人類は、歴史として約4800年前に始まったというものです。しかし、それは既に崩壊し、私たちの世界にはもっと多くの謎が存在するということを、私たちは確信しています。これらの謎は、とても近い将来に白日の下にさらされるでしょう。

〔図67〕

指摘しておく必要があるのは、私たちの国には、9体の非人間生命体の死体が発見されているということです。2013年にソノラ州で発見されたものですが、その後、何の情報もありません。
　また、この関連で述べておかなければならないのは、キューバ島とユカタン半島の間に水没した都市があるということです。さらに世界の海洋には、多くの建造物が海中に沈んだ状態で発見されています。南極大陸を含むあらゆる場所で得られた発見を受け、世界中の科学者たちは、完全な現実のこれらの側面を受け入れなければならなくなるでしょう。

人類の進化の道において、説明のつかない出来事が起きてきました。例えば、類人猿からホモ・エレクトス、ホモ・ハビリスからホモ・サピエンスへの変化などです。これに対し科学者たちは、生物学、遺伝学、人類学では支持され得ないような理論しか持っていません。

そこで、人類の進化をより広い形で分析すると、私たちの祖先がオフエロスの石に刻んで残した証拠によって、人類の変化を説明することが可能になります。

祖先、ナワ・アステカ人たちは、落書きとして石に彫刻を施したのではないからです。彫刻された石が発見されると、初めは懐疑的に思います。この種の石を何年もかけてよく調べていくと、金属製の道具や機械、現在知られているような技術は使われていなかったことが判明し、私たちの基準において、疑念がわきます。

そして、他の協会に属する、より多くのオフエロスの石を分析していくと、同じ施工手法であることが分かります。そこでようやく疑念は消え失せます。

これらの遺物は全て、確かに、祖先の先住民たちの体験にしたがって施されたものであると、すなわち、彼らが身体的接触、遺伝子操作あるいは性的関係を持ち、宇宙人と人間の遺伝子交配が行われていたと考えることができます。

ここでお伝えしておきたいのは、私たちの国で、宇宙人の遺物を所有している協会が増えているということです。メキシコのサン・ルイス・ポトシ州、ハリスコ州、アグアスカリエンテス州、サカテカス州、グアナフアト州で集められたアステカの遺物は既に公の光にさらされていて、海外へ売られてさえいます。

その後、ケレタロ州のペニャ・デ・ベルナルの村でも、アステカの同じテーマの遺物が回収されたことがインターネットで公になりました。これらの遺物は既に何千点にも及んでおり、科学的調査をして検証する必要があるでしょう。

他に、プエブラ州プエブラ市の2つの協会が、この種の遺物を有しています。私たちの友人、ダニエル（彼は私たちに、個人と遺物の安全のために完全には彼の身元を明かさないよう頼みました）の活動について、特別に段落を設けて述べる必要があります。彼は、既知の文化のものとは異なる遺物を収集して分析するという同じ志を持った友人たちとともに作業を行っています。

具体的には、2015年8月、私たちはあるユニークな遺物のコレクションを知ることになりました。そのコレクションは、7月にプエブラからの訪問者数人が持ってきたものでした。彼らは、アカプルコにあるナウィ・オリン協会のメンバーを訪ねにやって来ました。しかし、私たちはオフエロスと、サカテカス州のピノスとラ・モンテサへ調査旅行に行っている最中でした。私たちに会えなかったので、彼らは、アカプルコ在住の私たちの友達で、番組「アストラン・パライソ・ペルディド」〈「アストラン、失われた楽園」という意味〉の共同制作者であるエクソド・レオンと面会しました。ダニエルはこの時も自身の身元を明かさないようにと頼みました。

エクソドは彼らと面会し、彼らが持ってきたコレクションを見て驚嘆しました。オフエロスの石に刻まれているのと同じタイプの生命体が描かれていて、本物の古代文化の遺物である可能性が高かったからです。彼らが持っていた写真のコレクションを見て、エクソドはこの事実を確認する必要性を感じました。

ナワ・アステカとは異なる、遠い文化の新しいコレクションについて知った時、すぐさま、私たちはそれを調査する必要性を感じ、プエブラ州の州都へ向かいました。

ダニエルは私たちをプエブラ市の入り口で迎え、とても親切に、遺物を保有している彼の仲間たちの家々へ案内してくれました。

私たちはとても驚きました。まさに、金属の道具は使わず、古代の石刻技術によって彫られた石でした。私たちが訪れた最初の家で目にした遺物は、貴重でもあり、当惑させるものでもありました。

私たちは多数の遺物を見る機会を得ましたが、ここでは、最も特徴的なものだけお見せします。この調査旅行では、本当にたくさんの驚きがありました。先コロンブス期のものと思われる遺物が相当数ありました。ダニエルはオフエロスにも行ったことがあり、ファン・カルデナスとも知り合って、2人で各自の遺物を比べ合い、ともに驚いたと話してくれました。

〔図68〕不思議な遺物ですが、ダニエルによると、略奪者たちが、たくさんの遺物があると言っている洞窟から取ってきたものだそうです。明らかにしておく必要があるのは、色はオリジナルのものではないということです。手工芸品だと言えるように、最近色付けされたものです。私たちは彼にこれ以上色付けを行わないように伝え、彼はそれを了承しました。

私たちは見せてもらった遺物を慎重に調査しましたが、金属製の道具が使用された物理的形跡は見つからず、オフエロスの石を思い起こさせる彫刻の様式や技術でした。人は、既に先入観を持って受け入れているものを見て、聞いて、知覚することが可能でさえあるというのは、まさに本当です。それが念頭にあることだからです。

つまり、これらの遺物が本物だとみなす傾向にある人は、間違っている可能性が大いにあります。しかし、私たちは、少しの経験と批判的で分析的な目を持ち、できるだけ客観的であろうとし、何時間も遺物の調査に取り組み、観察してきたものに驚き、喜んできました。そんな私たちにとって、プエブラの遺物は80％の確率で本物です。

このようにして多数の遺物を調査した結果、大多数の遺物は本物だという結論に達しました。もちろん、ここでは色付けされたものは含まれていません。純粋でないものは、決して本物の考古学的遺物として認めることはできません。

しかし、同じ彫刻様式、同じ割合、人間に見えない生命体が描かれた同じ彫刻、現在の道具を使った形跡がないことは、よく言えば、視覚的、画像的な喜びとして、私たちの役に立つでしょう。そこで、ダニエルは親切にも、本書のために私たちが写真を撮ることを快諾してくれました。

〔図68〕

〔図69〕

考えてみましょう。もしオフエロスの石に、宇宙人と関連した奇妙な生命体や要素を示す同じタイプの象徴があり、また、もしオフエロスの石と一致した場面が描かれている他の遺物が存在するのであれば、それは私たちにとって、文化的、物理的衝突を含む、この種の遭遇が確かにあったことを意味します。

前出の写真〔図68〕には、2人の宇宙人が古代メソアメリカの住人により捕らえられ、その後2人の内1人が打ち首によって犠牲になった様子が明らかに刻まれています。左側には人間の特徴がない2人目の捕虜がはっきりと表現されていて、見たところ、話しているようです。このような状況に遭遇し、自分と同種の1人が打ち首になるのを目撃すれば、自身の命乞いをしているに違いありません。

また、人物の周りに見られる記号が目を引きますが、知られている先祖伝来の文化とは何の関係もありません。別の重要な側面は、オフエロスの石と同様、プエブラのコレクションにもたくさんのUFOが見られることです。

しかも、1つのタイプだけでなく、様々なものがあります。生命体が空飛ぶ円盤と思われる物体の中にいるのが、描かれているものもあります。これらの物理的証拠が存在するのだから、全てを調べて、この独自性を解明することが大変望ましいです。

もちろん、私たちは権威者ではありませんし、そうではないのに、そうだと言うつもりもありません。考古学の専門家を装うつもりもありません。私たちはただ、機会に恵まれ、様々なタイプの遺物の観察と調査に、16年間にわたって従事してきた者です。ここで述べてきたことに関する遺物を、次の写真でお見せします。

〔図69〕これは私たちの歓迎会です。プエブラの仲間たちが私たちを案内して連れて行ってくれた家で、これらの遺物を準備してくれていました。
私たちはまさに驚きました。最も私の注意を引いたのは、川の石、あるいは縁が加工された玉で、オフエロスの石のように、線が刻まれていました。線はとても鮮明で、途切れることなく、鍛錬や摩擦の形跡はありませんでした。それはあたかも、熱された筆先で蠟に施されたかのような正確な線で、まるで作者がデッサンの大家であるかのように、よく仕上げられたものでした。ただ、そのデッサンは、非常に硬い岩石に刻み込まれていました。したがって、私たちはこのコレクションを信用しました。調査を進め、プエブラの仲間の遺物をほぼ全て精査すれば、もっと信用することでしょう。

私たちは目の前に見せられたものにいたく感動し、観察を続けました。本物である可能性が高いと思われたので、本書に掲載するために写真を撮らせてもらえるようお願いしたところ、快諾してくれました。この歴史的遺産の収集への彼らの尽力と、その遺産を私たちが観察し、写真を撮ることを許してくれたことに対して、彼らに重ねて感謝したいと思います。

数時間後、私たちはお礼を言い、別れるところでした。彼らが中へ戻ったその直後、ダニエルが再びやって来ました。同じ関心を持った私たちと知り合い、私たちが遺物を観察する際に敬意を払い、交換や商取引をしようとさえしないのを見て、別の仲間の家にある遺物を見に行きたいかと尋ねました。私たちは驚きました。その瞬間までに見せてもらったものが、既に私たちの期待を超えていたからです。

私たちは車で向かい、道中、お互いの経験を語り合いました。別のお宅に着いて、私たちは自己紹介しました。既にまた、彼らは私たちを出迎える準備をしてくれていました。プエブラで私たちが受けた厚意に感謝しています。自己紹介の後、私たちはある部屋に導かれました。そこには、空洞の木製ピラミッドがあり、底面には様々な遺物が置かれていました。

彼らは完全に秘密にしておくよう私たちに頼み、私たちの言葉を信じていると言いました。それに対し、私たちも同じ船に乗っていて、彼らと同様、私たちも秘密を必ず守ってくれるよう、いつも頼んでいると答えました。私たちが催した遺物の展示会では、出席者や観客は私たちの遺物の保管場所を知りません。このように、私たちの意図にはさらに一致が見られ、より信頼が深まり、彼らは私たちに遺物に近づいて観察させてくれました。

2軒目の家で、私たちは大いに驚きました。本当に、大きな驚きでした。1軒目の家にあったのは宇宙人の遺物でした。彼らは遺物を様相別か文化的表現で分けていたのです。

2軒目の家にも宇宙人の遺物がありました。しかし、先述したように、空洞の木製ピラミッドがあり、その底つまり床には、様々な美しい遺物が際立っていました。彼らは私たちに、それらの写真を撮ることを許してくれませんでしたが、光で少し見えたところ、驚くべきものでした。素晴らしい加工がなされていて、手工芸品である可能性は低いと思われました。既に別の機会に、私は結晶でできた頭蓋骨を見たことがありましたが、これほどのものは今までありませんでした。本当です。メソアメリカの民族は、時間も努力も、水晶のような貴重な物質をも無駄にせず、これらの彫刻を施しました。

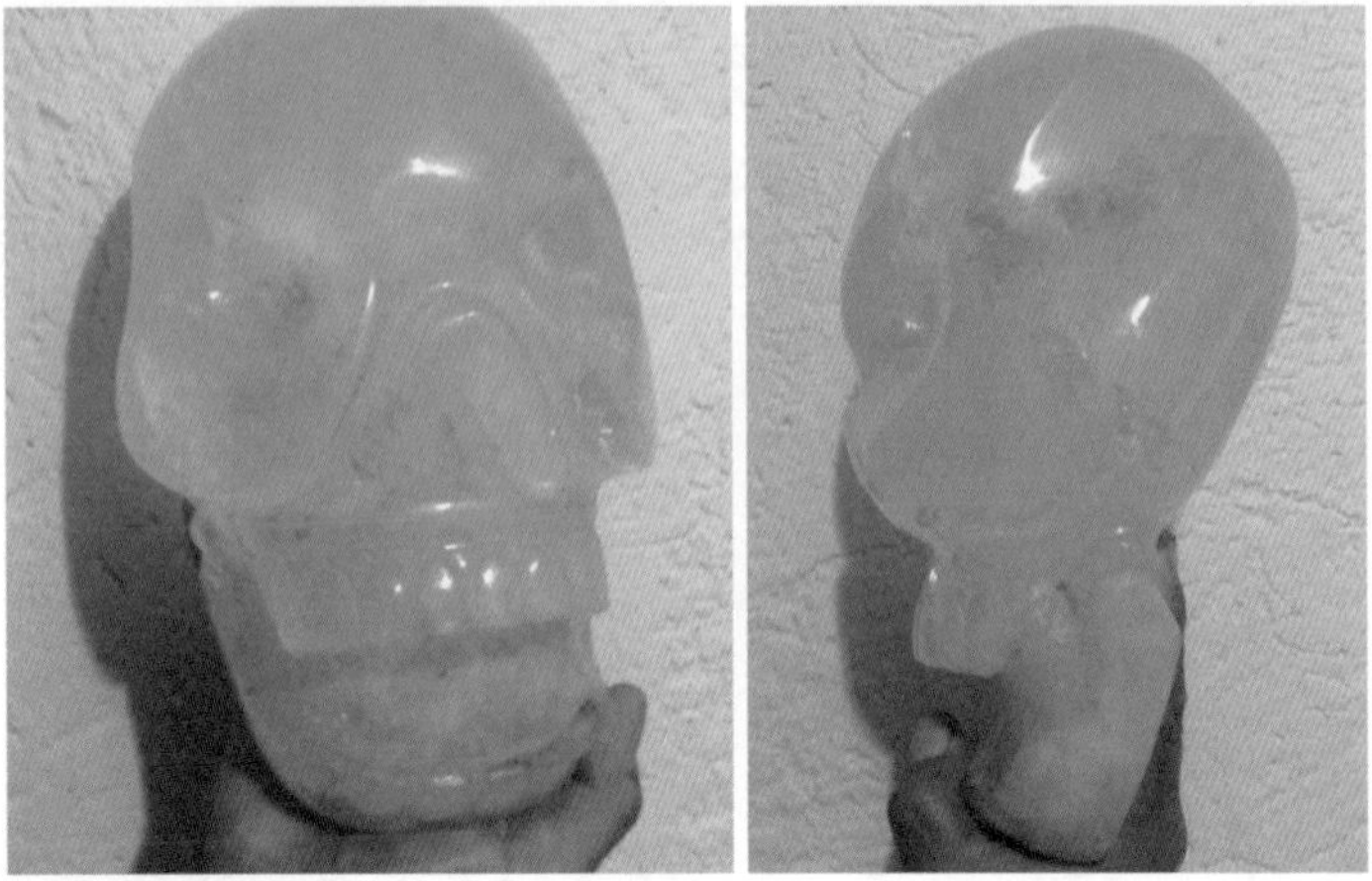
〔図70〕

〔図71〕

〔図70〕この頭蓋骨はとても私の関心を引いたので、2枚写真を撮らせてもらえるよう、管理者に特別に頼みました。うまく行けばラッキーだし、うまく行かなければ仕方ありません。2枚だけという条件付きで、写真の撮影を許してもらいました。但し、私は彼らに、私たちは道も方向も分からず、その上、写真撮影の許可をお願いした結晶の頭蓋骨はとても風変りなので、考古学的遺物とはみなされ得ないだろうと伝えました。

水晶の頭蓋骨ですが、解剖学的な特徴がヒト属の頭蓋骨とはとても異なっています。他の協会を訪問した際に私たちが触れて観察する機会があった、結晶製の別の頭蓋骨とも大変異なっていました。この頭蓋骨は、骨の鼻腔が人間のものとはとても違い、その形が独特です。後頭部がなく、人の生活とは相容れない突顎です。見て分かるように、既に成熟した存在、人間でいうと大人が表現されています。

このように、この別のお宅でも、この種の表現物を世界に紹介しているのは私たちだけではないことを確認できました。まさに驚きの遺物ですが、その内の数点をお見せします。

〔図72〕

〔図71〕このコレクションではＵＦＯが最も代表的な遺物で、他の遺物はハリウッドのエイリアンを思い起こさせるものです。注意を引くのは、様々なＵＦＯがとても硬い岩石で作られていることです。下の写真の遺物のように、非常に硬い岩石で制作され、ＵＦＯはとても重く、火山岩製の頭蓋骨も大変重いです。

各遺物を自分の手に持ってルーペで観察する時にもたらされる感覚は、言葉では言い表し難いものです。縁を触ると、金属製の工具で加工されたのではないと分かります。考慮すべき別の側面は図像です。スペインによる植民地化以前の図像の知識がある者のみが、複製を作ることができます。では、原物はどこにあるのでしょうか。

前出の遺物が偽物だとみなされる可能性はありますが、２軒目の家で、私たちは疑いの余地のない本物の遺物をいくつか見つけました。それより以前に別の機会で水晶の頭蓋骨を調べたことがあったので、特に研磨については、私たちには多少の経験がありました。研磨のタイプ、手で行ったものか道具を使ったものかを判断できます。Ｐ２５３の写真と〔図72〕の遺物には、道具を使った形跡は見られません。

〔図73〕

〔図71・72〕これら3つの写真には、〈〔図71〕の左上と右上の写真、〔図72〕の左上の写真〉手工技術の素晴らしい遺物が見られます。〔図71〕左上の写真はＵＦＯが表現されたもので、このタイプの宇宙船はこの文化で最も代表的なものです。〔図71〕右上の写真には、少なくとも2つの異なる宇宙船が表されており、非人間生命体がお互いに話をしています。〔図72〕左上の写真は、水晶でできた非人間の頭蓋骨で、重さが約18kgであることから、おそらく緑色石英だと思われます。これは、プエブラの手工芸品より遥かに重いものです。

資料を提供してもらい、プエブラの協会の仲間たちにはお礼を言い尽くせません。ちなみに、この協会にはまだ正式な名称はありません。

私たちはトラスカラ州へ戻り、宿泊し、休みました。それにしても、プエブラの州都へのこの旅については話すことがたくさんあり、その味わいは、最高のモレ〈チリトウガラシ、チョコレート、ゴマなどを煮込んだソース〉やチレスエンノガダ〈唐辛子にクルミ入りのソースをかけた料理〉を賞味するよりも素晴らしいものでした。私たちの喜びはあまりに大きかったので、次の日も驚嘆の遺物について話し続けました。インペリアル・ジェイドや水晶の遺物、興味深い空飛ぶ円盤など、話す材料には事欠きませんでした。次の写真〔図73・74〕をご覧下さい。

私たちは、これらの写真が決定的なものではないことを認識しています。しかし、ここで疑問が生じます。メソアメリカの先住民族たちは想像力に富んでいたあまりに、単に冗談として、これらの遺物を残したのでしょうか。それとも意味のある、私たち未来の世代へのメッセージでし

〔図74〕

ょうか。

もし鋼のように硬い岩石でできた遺物が存在し、現在ではこれほど正確に加工するのが難しいとしたら、何のためにこんな手の込んだ物を作ったのでしょうか。自慢するため、あるいは現代社会を困惑させるためでしょうか。様々な協会に属する私たちには疑いはありません。これらの遺物は全て、何千年も前の別の時代に実際にあった出来事や経験、生活体験を私たちに語っているのです。

人間型生命体

プエブラの協会では、メキシコの他の協会と同様、準人間の形をした宇宙人をイメージしたものが大量に存在しています。様々な姿勢、形、行動が表現されていて、瞑想や祈りをしているものや、赤ん坊を捧げているもの、人身御供のように血なまぐさい儀式を行っているもの、座った姿勢、ヨガをしているような姿勢のもの、立っている状態のものなどがあります。その証拠に、次の写真を掲載します。

〔図75・76〕プエブラのコレクションにある人間型生命体の写真は、私たちの友人で協力者のダビドが親切にもシェアすることを快諾してくれたものです。

人間の形をしたこれらの彫像全てに見られる容貌は、私たちの関心を集めました。また、サイエンス・フィクションの生命体と確かに似ているという事実も、私たちの注意を引きました。そこから、このような疑問がわきます。

「初めにイメージがあったのか、それとも、人間がこれらの生命体を目撃して、そこから驚きの遺物を作るためのモデルとして、その生命体を採用したのだろうか。」その結果、このような疑問も生まれます。

「石を加工したのは、ある生き方を求めていた人たちだろうか。それとも、単に名声を欲していた人たちだろうか。」

誰かが単に名声や経済的な目的のためだけに、これら何千点もの石を加工する作業に取り組んだとは考え難いことです。

その上、これらの遺物が作られた材料は多様です。遺物は多くの異なる種類の岩石で制作されました。傑出した材料として、蛇紋岩という極めて硬い火山岩があります。オルメカ文化は、この種の表象の細工において巨匠でした。

〔図75〕

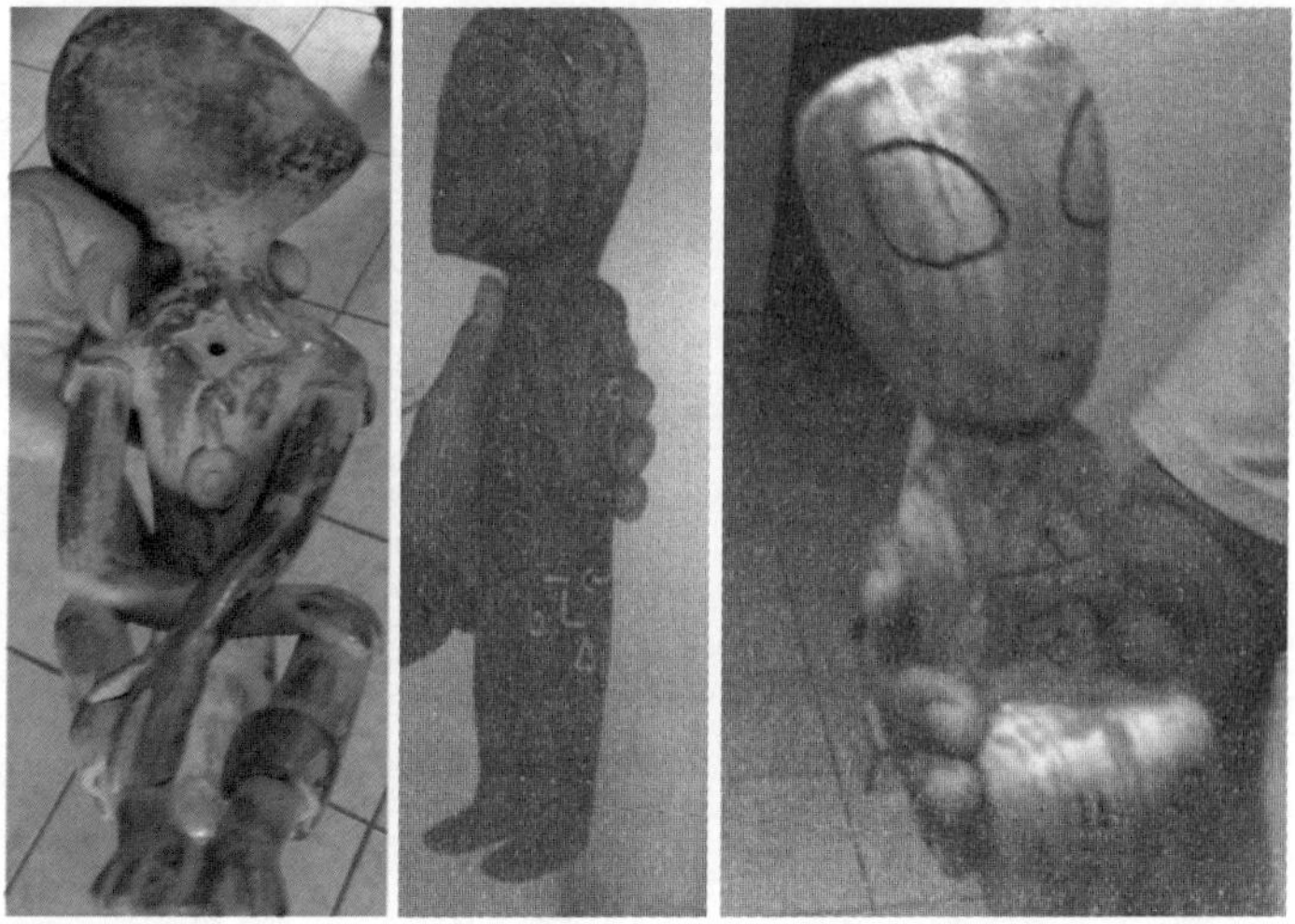
〔図76〕

プエブラの協会の遺物を分析したところ、これらの遺物が手工芸品だと考えるのは私たちには困難でした。なぜならば、金属製の道具、機器、金属性物質が使用された形跡が全くなかったからです。

続いて、ナウィ・オリン協会が保護しているオフエロスの石の、人間型生命体の写真を見ていきましょう。この種の遺物は1箇所だけに存在しているのではなく、私たちの国中で出土しています。この種の考古学的遺物は、ますます多くの場所で発見され、宇宙の私たちの仲間から人類に向けた、コンタクトと知識の伝達であることが明らかになるでしょう。

〔図77〕人間の身体的特徴を有しているが、完全には人間の形をしていない4個人が表されたオフエロスの石。大半は祈りや瞑想のような姿勢で表現されています。この種の遺物に学際科学的研究が行われれば、私たちが人類として認識している全てのことが明らかになるでしょう。遺伝子交配の結果として今の人類があり、そして現在の種族グループの総体がもたらされたことが示されるだろうことを、私たちは確信しています。

この種の表象は、１点や10点の遺物に留まらず、何百点もあります。そして、オフエロスの石の大半には、４本指の、ほぼ人間である生命体が表現されています。そのことは、これらは人間の像ではなく、私たちの大陸で遥か昔に、コンタクトを取っていた宇宙人の象徴であるとの結論をもたらします。したがって、人間との交配は事実であったか、もしくは古代からあり続けている事実なのです。

オフエロスの石における人間型生命体の像全体では、様々な姿勢のものが見られますが、疑いの余地なく、人間に似た形の生命体です。特徴的なのは、表現された生命体が、完全に人間の顔をしていないことと、４本しか指がないことです。（図78）

前述のこと全てを踏まえ、私たちの国および世界中の科学者は科学的手法で以って、メキシコで発見されたこの種の遺物を分析しなければならないと、私たちは考えています。

ただ、世界中の科学者や考古学者が、この遺物と人類進化の新たな側面を許容し、進化のタイプだけでなく、アステカ人と宇宙人との間にコンタクト、相互関係、遺伝子交配が

〔図77〕

〔図78〕

あったことに余地を残すことが期待されます。

しかし、アステカ人だけでなく、人類全体にこのタイプの着生があり、そこから人類の進化における量子跳躍が派生したのです。

私たち、ナウィ・オリン協会のメンバーは、現代メディアのニュースで一時の名声を得たがっている、空想的な嘘つき者だと非難されてきました。しかし、これは事実ではありません。私たちは単に、この遺物の存在を世界に知らせたいだけです。私たちとその中傷者は間もなく、真実の鏡で自身を見ることになると、私たちは確信しています。

私たちを糾弾した者は、自身の行動を改めなければならないでしょう。そして自身の言葉は、自身の行動の重さとなるでしょう。私たちは調査を続けますが、それは決して科学的でも教義的でもありません。私たちは調査を、私たちにとって否定できない事実として提示しているだけで、人類におけるこの新たな一章を科学界が評価しなければならないだろうと、私たちは確信しています。

私たち、ナウィ・オリン協会のメンバーは、自分たちの発見に完全な信頼を置いています。アステカ文化の遺物を調査した考古学者や科学者たちが驚き、以下のことを認めたからです。

アステカ人が白翡翠を加工することができ、より最近の時代には磁器化する技術を得ていたことと、アステカ文化が世界最古の文化である可能性があることです。この文化は、後世のために石質の素材に全ての知識を残しました。そして、私たちには同時代の人や子孫たちのために、それを守り続ける義務があります。

メキシコ、ハリスコ州オフエロスの地域におけるナワ・アステカ文化由来の遺物を調査した考古学者たちは、自身の言葉で公式あるいは科学的な判断を発表することができません。通常の科学領域を超えていて、どのようにこれらの遺物やガラス彫刻が制作されたのかを説明することができないと表明すると、空想的な起源に基づくのではなく、遺物が別の惑星の生命体を知り、ともに暮らしていた時代や生活体験を表したものであることを、受け入れることになってしまうからです。

オフエロスの石におけるUFO

今日私たちが「未確認飛行物体、ＵＦＯ」として認識している物が表現されている遺物の数は少なくありません。

現在までに発見されたオフエロスの石1万3000点以上の大部分に、UFOや別のタイプの飛行物体が見られます（図79）。

また、1つの芸術様式だけでなく、最も粗野なものから最も洗練されたものまでありますす。そうであれば、ナワ・アステカ人がこの種の物体やそれを操縦していた生命体とコンタクトを取っていたのは短期間ではなく、大変長期に及ぶものだったという論理的な結論が導き出されます。

それでは、これまで見たことのない新しい遺物を見ていきましょう。既に数々の遺物をお見せしました。但し、何よりもまず、私たちは自分たちが扱ってきたテーマの視点から、遺物や火山岩における彫刻を調査してきました。それは私たちにとっては並外れたことで、説明することはできませんでした。しかし、私たちは科学者でもその分野の専門家でもないので、理解は可能でした。こうして私たちは、誰からも彫刻技術について見解を得ることなしに、何年間もやってきました。

アステカの遺物を初めて考古学者に調べてもらったのは2002年で、学者の名前はJ・E・ゴンサレスでした。遺物に対して彼が抱いた第一印象は、手工芸品だということでした。穴がドリルで空けられたもののように見えたからです。ところが、遺物を洗って、明るい光の下、ルーペを使って再び調べてみると、彼は前言を撤回し、このような遺物は見たことがなく、図像から判断するとアステカのものだが、こんな技術は見たことがないと言いました。この時は、私たちが持っていた少数の遺物を表面的に軽く調べただけでした。

考古学者のゴンサレスは調べ終わると、これらの遺物はとても異なっていて、穴は金属製の道具で空けられたものではなく、確かに本物である可能性が高いと評しました。

彼のこの発言は、私たちが確かで真実な何かに取り組んでいることを知るようになる、きっかけとなりました。しかし、それからは何も起きず、何の進展もな

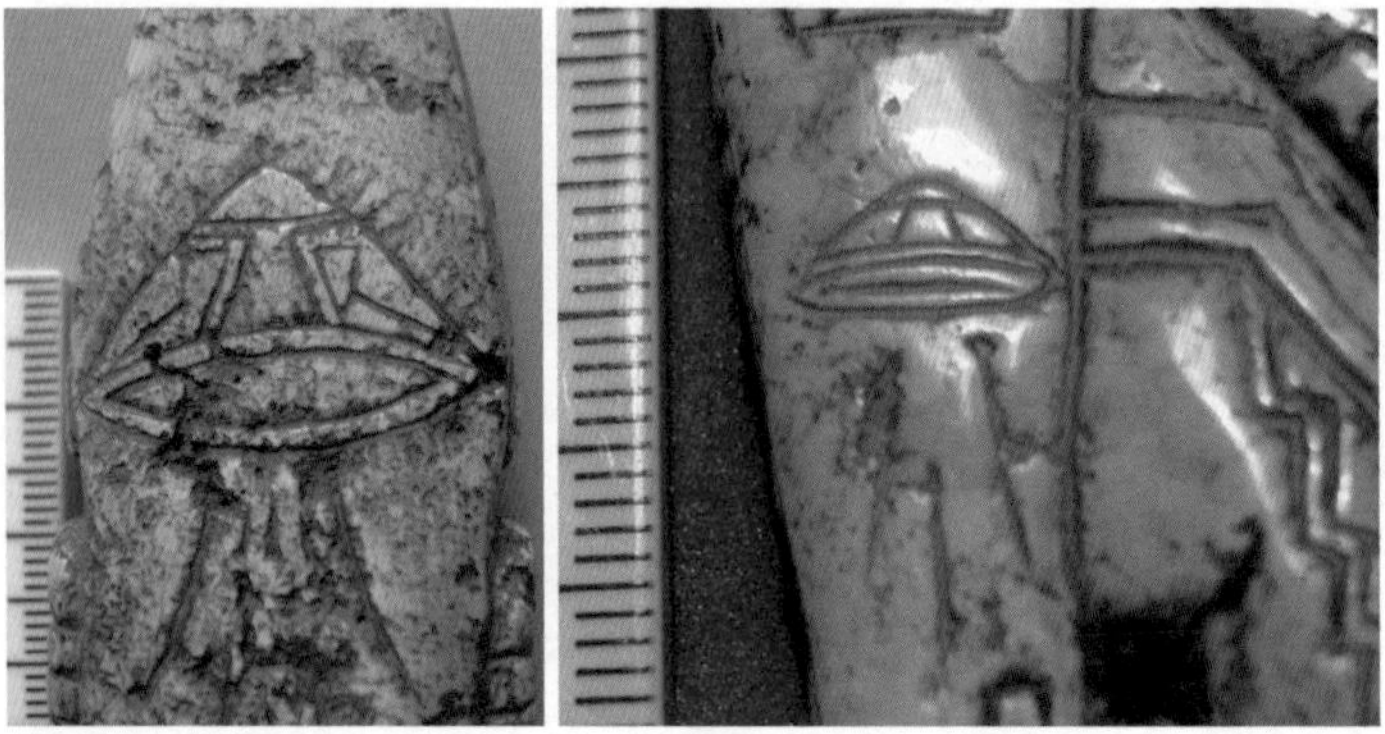

〔図79〕

いまま数年が過ぎました。２００７年、国の最高機関と、アストランの乾湖が位置する5つの州の最高機関に書簡を送りましたが、返事はありませんでした。
　そこで、私たちは5つの州の主要12大学に手紙を書きました。その内、唯一返信をくれたのがサカテカス大学でしたが、この発見についての知見がないため、私たちのセロ・デル・トロへの探索旅行に同行して、自ら検証することはできないというものでした。

〔図80〕儀式用の大型メダルで、片面には社会的地位のとても高い司祭が描かれています。もう片面には、とても象徴的な場面が見られます。ＵＦＯだと思われる探査船が上部から下に向かっています。その船から、1人の非人間生命体が4つの非人間の胎児とともに降りてきます。そして5つ目の胎児が既に発育中です。
　この場面は聖書の創世記にある、落ちてきた神の子が人の娘に種を残したという一節を思い起こさせます。私たちにとって、この象徴は明らかにレプティリアンと呼ばれる生命体を示しています。

進展がないまま、約3年が過ぎました。もっぱら現地で探索を続け、目にしたものに喜びを感じていました。セロ・デル・トロだけでなく、その地域全体を探索しました。そのため、オフエロスの近くのチナンパスという集落の小丘に4回目に行った時、そこは一般のありふれた小丘ではないことに私たちは気付きました。私たちはそれまでに既に3回、そこを通ったことがありました。

チナンパスの小丘を登り始めると、ナワに起源がある可能性が高い粗い階段を上っていることに気付きました。以前に他の場所で見たように、岩石が切断されて据えられていたからです。また、それだけではなく、既に古代の建造物に関して、より知見を得てもいました。

私たちは、ひたすら野草を取り除きました。すると、とても驚くことに、傾斜と段があり、丘の

〔図80〕

別の面にはさらに階段がありました。これは間違いなく神殿でした。

ナワ・アステカ人がこの土地の起伏をうまく利用し、小丘を宗教的な用途に使用していたことが判明したのです。これは私たちにとって完全な驚きでした。それは住居や、「トラッカテカリ」と呼ばれるナワ居住区の公共の建物ではありませんでした。トラッカテカリは、スペイン語では「指揮の家」あるいは「協定の家」と訳されます。そこは、アストランの集落の最も権威ある長老たちが集まって、取り決めを行い、通常とは異なる出来事を報告し合い、戦いや共同作業を計画する場でした。

〔図81〕残存する建築物は、小丘の南面から突き出ています。2005年に撮影されたこれらの写真に、その状態が見て取れます。切断された岩石が日干しレンガによって繋げられているのが、はっきりと分かります。

この発見は、私たちにとって魔法のようでした。なぜならば、何千年にもわたるこの土地に含まれている謎が、あたかも少しずつ解き明かされているかのようだったからです。

この場所にも略奪された墓が多数見つかりました。略奪者は、私たちの歴史の一部を売

〔図81〕

るために略奪するという生き方をしている恥知らずな輩です。しかも、それは略奪であるだけではなく、私たちの祖先に対する新たな殺人でもあります。私が「新たな」というのは、略奪者が墓の遺骨を元通りに戻して埋めないからです。

そして悪天候にさらされると、2、3週間で太古の骨は塵と化してしまいます。つまり、遺骨は失われてしまい、遺骨から取り出せたはずの必要な情報が得られなくなるのです。例えば、その遺骨の年代、年齢、身長、おおよその体重、社会的活動、社会的地位、病気、出身地等々、骨格を科学的に分析すれば得られる情報です。

〔図82〕私たちの祖先にとって二度目の死とはどういうことかを雄弁に物語る写真です。とても無知で野蛮な扱いで、何千年も前の遺体をほんの短時間で壊してしまいます。そこで私たちは、略奪者への意識向上に懸命に取り組みました。すると、確かに成果が出ました。時が経つにつれ、発見される骨は減少し、今では探索中に骨を目にすることはほとんどありません。

こうして時が過ぎてゆきました。そこで私たちは、自分たちの発見が重要性のあるものならば、その発見を放送すればよいのではないか、公にすればよいのではないか、ということで一致しました。

そして私たちは、メキシコの研究家で、テレビ番組「Ⅲミレニオの謎」のディレクターであるハイメ・マウサンと連絡を取りました。私たちの招待を受け入れてもらえた時、なんという喜びだったでしょう。

私たちは、研究家のフェルナンド・コレア・ドミンゲスとカメラマンのハイメ・アビラとともに、オフエロスに向かいました。それ

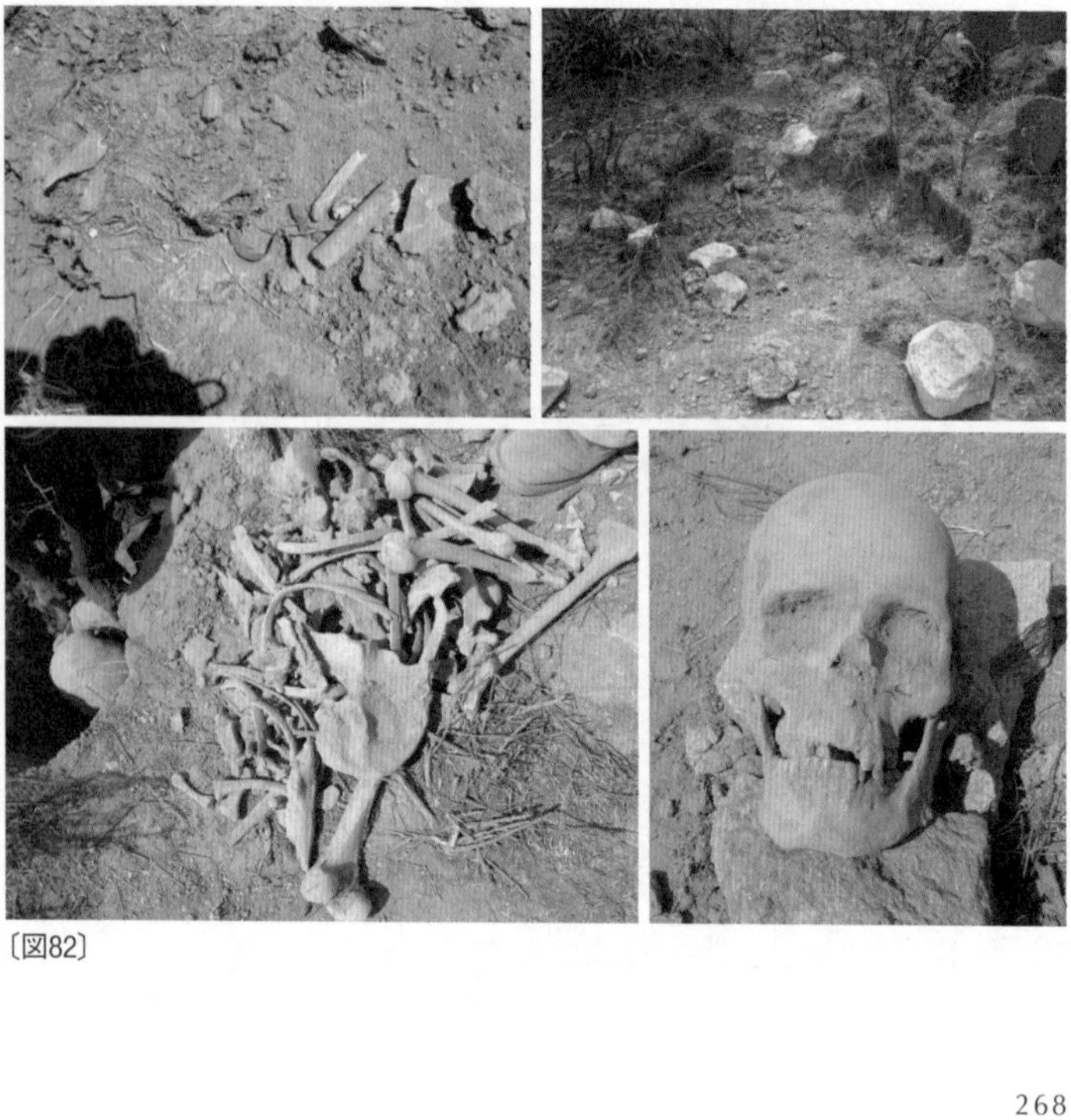

〔図82〕

は2008年でした。現地に着いた時から、番組スタッフは、そこがアストランであったと私たちが証明しようとしていることを分かっていました。彼らは私たちの探索に同行しました。このようにして、私たちの調査活動をマスメディアに取り上げてもらうことに成功しました。

しかし、現地の科学的調査へと推進できるはずの考古学者、関係当局、研究機関の関心を呼ぶことはできませんでした。そのため非常に落胆し、意気消沈しましたが、それでも私たちは調査を続けました。

番組から6ヶ月後、私たちは再び研究家のハイメ・マウサンと、メキシコシティのポランコ地区にある彼のスタジオで面会しました。彼はとても温かく私たちを迎え入れてくれ、UFOや非人間生命体が刻まれているいくつかの遺物を観察しました。そして、とても興味深い物だけど、番組で取り上げるほどの証拠がないので、検討するには科学的な裏付けが必要だと私たちに述べました。

考古学者たちから完全に拒否され、人脈もなく、この分野の素人で、単なる一般市民である私たちにとって、遺物が本物であることを科学者に証明してもらうのは、扉が閉じられたような新たな障害です。しかし忍耐強くさえあれば、物事は達成できます。幸い私は、アカプルコのセメント会社、ホルシム社のディレクター、バレンティン・チャンタカ・セロン技師を知っていて、彼が私たちに、同社には地質学研究所が設置されて、電子顕微鏡の他、質量光学分光計があると話しました。

バレンティンのその発言に、私は天の音楽を聞いているかのようでした。彼は、私の高校と軍医学校時代の仲間で私の大親友である放射線専門医、ウゴ・グティエレス・レオナルド博士のいとこです。結局、バレンティンが社の幹部に私たちの研究を許可してもらえるよう申請してくれ、肯定的な返答を得られた時、私たちはとても驚きました。

そのため、アカプルコにあるナウィ・オリン協会のメンバーとともに、私たちは遺物の報告書を発行してもらうべく専門家の手に委ねることにしました。その結果、次のことが明らかになりました。

ガラス彫刻と石刻の遺物は、金属製の道具を使わずに細工されていて、どのように施されたのかを説明できる既存の技術はありません。そのため、本物である可能性は90％に近いです。

また、分析された遺物の内のいくつもに、磁器化された物質が確かに見られました。これは私たちの大陸では珍しいことです。なぜならば、古代文化において、この大陸のどこにも磁器化した白い物質は発見されていないからです。別の言い方をすると、ここは、太古のメソアメリカにおいて、磁器化された遺物が発見された唯一の場所です。

この発見に私たちは大いに元気づけられました。私たちはいただいた援助に感謝するとともに、これほど喜ばしい結果をもたらしてくれた、バレンティン・チャンタカ・セロン技師とマリナ技師に感謝しています。

この結果を持って、私たちは再び、研究家のハイメ・マウサンとフェルナンド・コレアに会いました。このようにして、私たちの活動が全国放送のテレビで放送されました。やきもきしながら結果を待ちました。何日経っても、何ヶ月経っても、何の反応もありませんでした。ハエさえも、私たちの発見に興味を示しませんでした。私たちは数日間、意気消沈して考え込み、協会の空気は著しく落ち込みました。

〔図83〕

〔図84〕

〔図83〕メキシコシティのポランコ地区にある研究家、ハイメ・マウサンのスタジオで撮影された、ナウィ・オリン協会のスタッフの写真です。これはアカプルコのセメント会社、ホルシム社の科学者たちによって遺物が分析された後、確認してもらい、番組に取り上げてもらうために、私たちが遺物を持って行った時のものです。
左端からラファエル教授、続いてエドゥアルド・ウエルガス技師、ノルマ・リオス公認会計士、私を挟んで、中央にフェルナンド・コレア、番組ディレクター〈ハイメ・マウサン〉、サルバドル・ドミンゲス教授、続いてジャーナリストで歴史家のマリオ・ガルシア、右端に協会の創設者で会長のフランシスコ・ゴンサレス氏、そしてフェルナンド・コレアの左隣が私です。

こうして2009年4月19日、ハイメ・マウサンの番組「テルセル・ミレニオ」に、ナウィ・オリン協会が再び取り上げられました。番組ではUFOと宇宙人のテーマに関係する、協会の保有する最も特徴的な遺物が紹介されました。このテーマを暗示する次のような遺物が相当数披露され、みんなを大いに驚かせました。

〔図84〕オフエロスの石。座っている姿勢のアステカ人が見られますが、アステカ人の休憩に特有な座り方ではありません。最も特徴的なのは、両手足の部分に、車あるいは装置の操縦桿のようなものがあることです。

〔図85〕左の写真は儀式用の大型メダルで、非人間生命体が非人間の赤ん坊を、降りてくるＵＦＯに捧げるかのように高く掲げています。

真ん中の写真のオフエロスの石は捧げ物用の短刀で、ここには、別の生命体が非人間の赤ん坊を連れているのと、上部にＵＦＯが見て取れます。同じことが右の写真にも見られます。同じく儀式用あるいは祭式用の短刀で、別の非人間生命体が物を持っていて、上部に飛行中のＵＦＯが刻まれています。これらの遺物は、21世紀の私たちにとって当惑させるものです。

〔図62・86〕再び、ＵＦＯや様々な生命体が表現されたオフエロスの石〈Ｐ２２７〔図62〕と〔図86〕のことだと思われます〉。〔図62〕上の写真の象徴は、チャクモールとして知られる人物と同じ姿勢であることが目を引きます。チャクモールは多くの

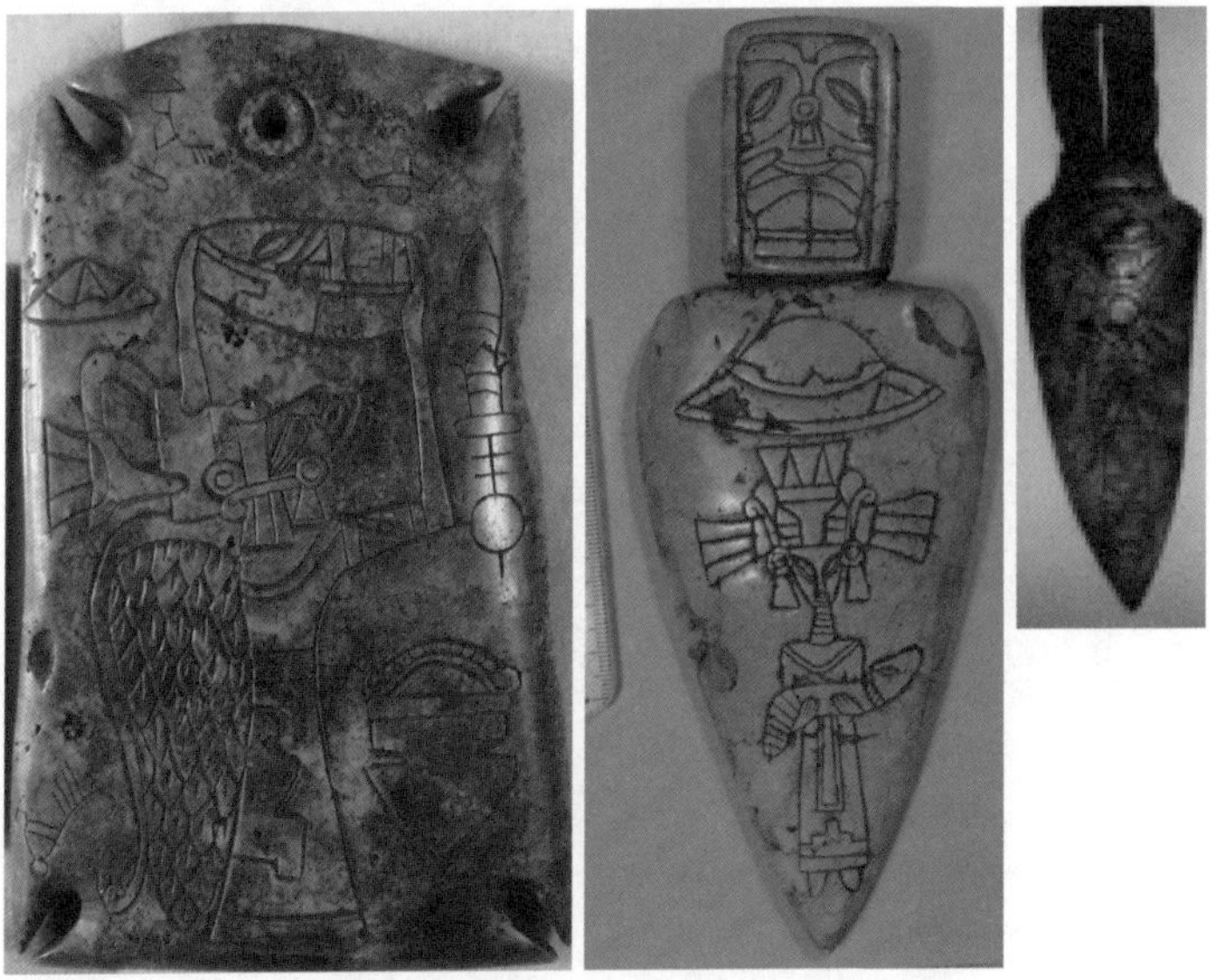

〔図85〕

〔図86〕

文化に見られる不思議な人物です。この遺物では、上部のＵＦＯとコンタクトを取っていることが示されています。

２つ目の遺物〔図86〕〈上の写真〉も困惑させるもので、宇宙にあるＵＦＯから出てきた生命体が、土星だと思われる惑星とともに描かれています。この生命体は爬虫類のようで、宇宙服あるいはヘルメットを身に着けています。また、遺伝子活動を示す雄と雌のシンボルも見られます。

３つ目の遺物〔図62〕〈左下の写真〉にも、１つ目のような生命体が表現されていて、これもまた、移動中のＵＦＯと連絡を取っています。

４つ目の遺物〔図86〕〈下の写真〉には、座った姿勢の生命体が、降りてきていると思われるＵＦＯのための物を持っています。

このように私たちが強調したいのは、これが単なる偶然や、１つの完結した作品ではないということです。これらの遺物を制作するには、天然の火山岩をキャンバスにして彫刻し、時には高く浮彫りまで施さなければなりません。どのようにしてこの石の芸術を作り出したのかは謎です。私たちは単に遺物を保護し、そのメッセージを少し解読しようとしているだけです。

各遺物に含まれているメッセージは完全に当惑させるもので、私たちの現実を超えています。様々な場所に何千点もの遺物があるのであれば、それは、場面や人物、物がおそらく錯乱した精神によって生み出されたものではないことを示しています。

私たちの目の前にあるメッセージは、私たちが操作され、とても狭められた現実の見方をしていることと、オフエロスの石が各々、宇宙人とのコンタクトや体験の結果として作られたものであることを示しています。

アトラツィンとキナメツィン　水の紳士と巨人たち

アステカ人について話すことは、文化的、観念的、現実的な衝突を扱うことです。私たちは何よりもまず、物質主義で分析的で、見えるもの、測れるもの、確証できるもの、触れるもの全てを信じています。そのため、私たちが慣れ親しんで信じている現実から外れるものは信じません。それに合理的な余地を与えません。

しかし、実際はそうではありません。私たちが慣れ親しんでいる現実よりも広い現実が存在します。私たちが先入観を持って信じていることは、ますます狭くて不条理になっていますが、それから外れるものは徹底的に拒否して捨て去ります。大多数の人が受け入れている現実の見方を持ち続け、ほんの少数の私たちだけが現実は想像を遥かに超えると断言します。私たちは迷信的、空想的であるとか、夢想家、心神喪失者であるなど、このような状況で用いられるあらゆる言葉で非難されてきました。

したがって本章では、現実はこうだと言って受け入れられているものより、もっと広いものだということを具体化し、お見せしたいと思います。

先へ読み進めるとお分かりになるように、空想や古い無知な話、または迷信ではありません。私たちにとって失われた現実の一部で、未知の時の陰、暗闇の時代に留まっているのです。

アステカ人の言葉で言うと、忘却の地を意味する「ミストラン」の中にあるのです。すなわち、アステカの宇宙観を少し掘り下げるには、その神話を思い出さなければなりません。彼らにとっては物語ではなく、現実の一部でしたが、太古の霧の中でもはや失われてしまいました。私たちはアステカの神話と、その中で人類の起源がどのように描かれているかを思い起こさねばなりません。アステカ人にとっては、既に他の4つの人類が、彼らの神々によって絶滅させられていました。彼らによると、それは創造の周期で、太陽あるいは人の時代を構成しています。

現在、私たちは「ナウィ・オリン」を生きています。

ナウィ・オリンとは私たちの時代で、約5200年前に始まりました。過去の別の人類について語っている文化はこれだけではありません。中国、インド、古代ペルー、メソポタミア、チベットなど、たくさんの文化でも言及しています。

簡潔に言うと、これらの文化では、遥か昔に世界的な大災害が発生し、全般的な破壊が起こり、人類がほぼ全滅に追いやられたと伝えています。それは最終氷期の終わりだったと推測され、世界で約7万人だけが生き延びることができ、そこから現在のような遺伝子的多様性が生まれたと言われています。

いったい、これは本当でしょうか。過去の世界的な大災害の理論には、科学的根拠があるのでしょうか。

答えは、約1万5000年から1万1000年前に終わった最終氷期に記されています。それだけではありません。パタゴニアの氷河の底に緑の植物が発見されたと先述しましたが、それを年代測定したところ、約5200年前のものだという結果が出ました。世界的な気候変動がまさに突然に、非常に急激に起きたので、植物はタイムカプセルの中のような状態で留まりました。5200年もの間、生き物がほぼそのままの状態で保たれているのを想像してみて下さい。私たちにとっては考えも及ばないことです。しかし結果は出ています。

さらに、世界の氷も分析されたところ、実際に約5200年前に、地質学的に大規模で急激な、地球規模の気候変動があったことが確認されています。

アステカ暦は、人類の歴史が2万6000年であること、すなわち、過去に4つの時代、あるいは創造があったことを語っています。

それでは、平均して5200年毎に世界的な大災害が起きるというアステカ暦の内容は正しいのでしょうか。そこで、第1の太陽、つまり水の太陽「キヤウトナティウ」を思い出しましょう。ここでは人類全体が神々によって絶滅させられました。人間たちが知性も判断力も、魂「トナル」さえ持っていないことに、神々は気付いたからです。人は神聖な意図を理解することができませんでした。思考することも、神々を理解することも称えることもしませんでした。神々は、論理的で知的に思考する人類を創ろうとした自身の試みが失敗したのを目にし、敬いも崇めもしない者は絶滅せねばならないと命じました。

このように人類全体に対して怒った神々は、人類を創造物から抹消することを決めました。そして、この欠陥のある人類から大地を浄化する方法として、水を使いました。大量の水が大地を襲い、最初の人類の全ての男と女が限りない水に流され、死に絶えました。神々の怒りから生き延びられるような峰も丘もありませんでした。こうしてほぼ全人類が終わりを迎えました。

生き延びた人間たちは、他の動物の餌となる魚に姿を変えられ、その子孫は二度と大地を踏むことはありませんでした。彼らは神の教えにも命令にも従わなかったため、罰せられたのです。神々は最初の人類に失望して、彼らを地表から抹消しました。彼らの痕跡だけが残りましたが、その少ない痕跡は世界中に散在しています。

〔図87〕2013年3月にメキシコ、オフエロス・デ・ハリスコ市で発見された、まさに驚くような骸骨です。生物学的に信頼性のある遺骨となるような、全体を繋ぎ合わせる他の骨は見つかりませんでした。

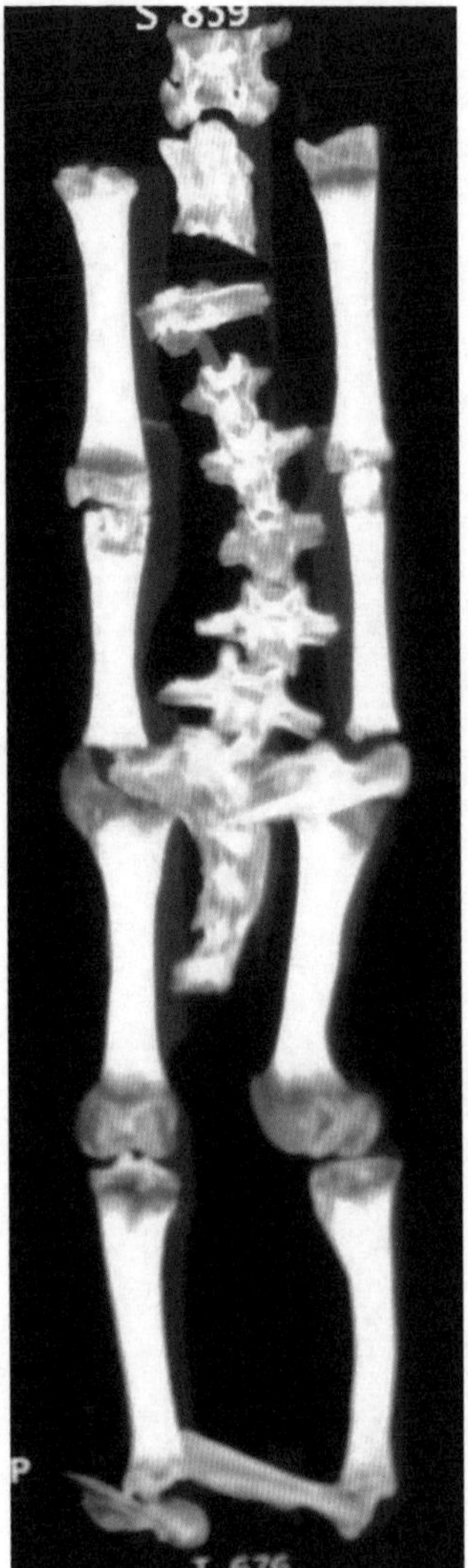

〔図87〕

特徴的なのは、一見、完全に水中生活を送るヒト科の生物だということです。骨盤は陸上の生物のものではありません。人間の前腕には尺骨と橈骨という2つの骨、脚には脛骨と腓骨という2つの骨がありますが、この生物の前腕と脚にはそれぞれ1つの骨しかありません。手と足の代わりに骨質のヒレがあります。

私たちはこの遺骨を科学会には発表できないと分かっています。出所が不明だからです。発見された場所を特定しようと試みましたが、無理でした。また、第一頸椎に相当すると思われる、同じ形の頸椎が3つありました。したがって、この骸骨は同種ではあるが、3

人の別々の個人から成り立っています。有機的起源を調べるためにエックス線調査を実施したところ、骨梁が二足歩行の生物には適していませんでした。

この写真は、メディマヘン研究所のコンピュータ横断断層撮影の機器を使って多断面的に再現したものです。メキシコ、ゲレロ州アカプルコで、放射線専門医のセルヒオ・ソト・マルティィネス博士と、レントゲン技師のエンリケ・カブラルによって行われました。

〔図88〕２０１４年3月22日、ハリスコ州オフエロスで開かれた国際会合の出席者たちによって名付けられた、今日では「アトラツィン」と呼ばれている骸骨の写真。

この写真は巨人の写真として、すぐにソーシャルネットワークにアップされました。確かにサイズは人間の成人より大きいですが、骨は一個人のものではなく、同じ種の異なる3個人のもので、しかも年齢が異なる個人のものです。アフリカ・デ・ガルシアという名前のこの会合の出席者が、歴史的骸骨の横でポーズを取っています。

この骸骨は完全に困惑させるものです。古生物学と海洋生物学の調査では、骨盤や脊椎、ましてや四肢に関して、これに類似した骸骨は見つかっていないからです。私たちはこの骸骨で以って、嘘をつくつもりもないし、ジレンマを引き起こしたくもありません。私たちにとっても科学にとっても、これは単に私たちの国が含有しているものの形跡であり、もっと調査しなければなりません。客観的なのは解剖学的な骨組みと、この生物が生理学的に水生であるということです。

アステカ人たちは知識を持っていたか、あるいはこの種の遺骨をもっと発見していて、だからこそ、生き延びた人間たちは魚に変えられたと語っていたのかもしれません。もちろん科学的調査が必要です。技術的および経済的資源が非常に限られていますが、私たちはできるだけ早急に調査を実施するつもりです。ただ確実に言えることは、この骸骨は化石化しているので、1万年以上の歴史があるということです。この年代は確定値ではなく推測値です。

〔図89〕の写真は、「アトラツィン」と名付けられた水中生物の足に相当します。ナワトル語で「水の紳士」を意味し、人間に似た生物ですが、水中生活のものです。

足は骨質のヒレで占められていて、長さ33㎝です。大腿骨、脛骨、および骨盤であろうところに相応する足の大きさと一致します。骨が太くてとても頑丈です。骨質のヒレは下部が突き出ているというか、傾斜になっていて、まるでオールのようです。前面あるいは上面が平らで、後ろの面の突き出しは、水中での移動の際に大きな抵抗を与えるためのものです。

私たちは、科学分野において比較できるもの、またはせめて、この不完全な骸骨の起源について教えてくれるものを調査してきました。調査するにあたり、頭蓋骨がないことが、状況を複雑にしていました。頭蓋骨がない理由は、太古の昔、より前の人類だと思われる骨についての知識があったか、骨とコンタクトを取っていたアステカ人が、頭蓋骨を引き離し、それをその土地の最も神聖な場所へ持って行っていたからです。この場合、セロ・デル・トロに置いていた可能性があります。次の写真はそれを示すためです。想像的な関連かもしれません。

確かにそうかもしれません。しかし、このように述べた理由を説明します。

〔図90〕セロ・デル・トロの洞窟で発見された頭蓋骨で、グルポ・フォルタレサ・アストランがインターネットで紹介したものです。人間のように見えますが、前面にク

〔図88〕

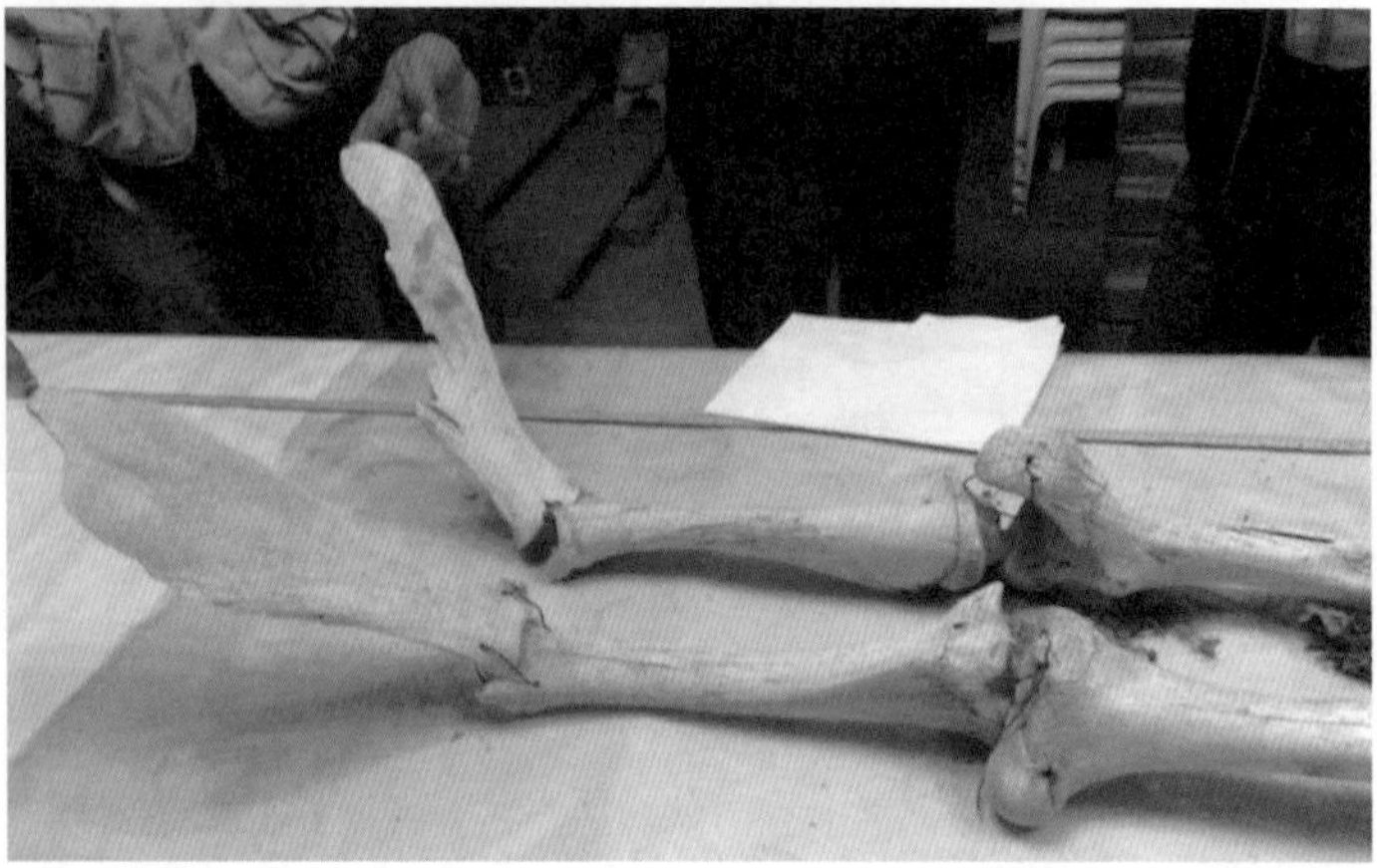

〔図89〕

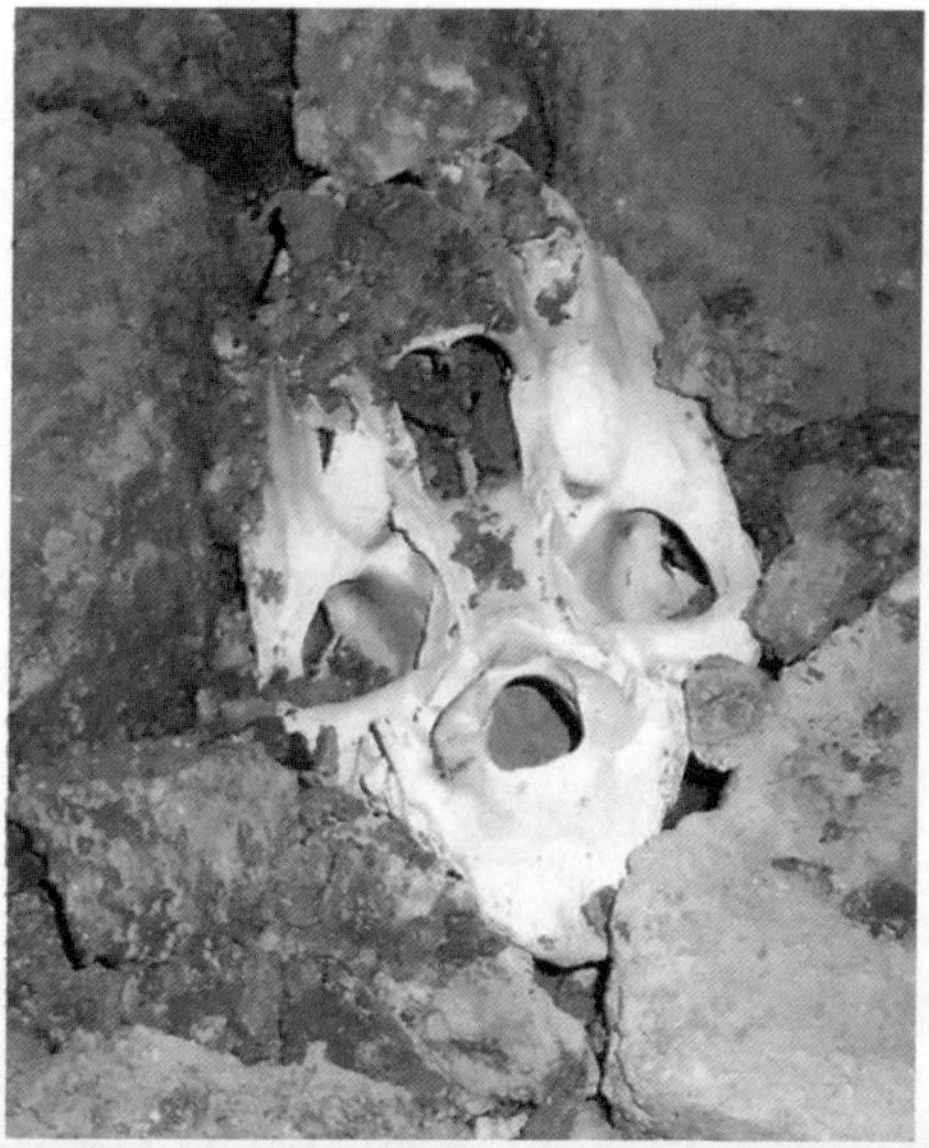
〔図90〕

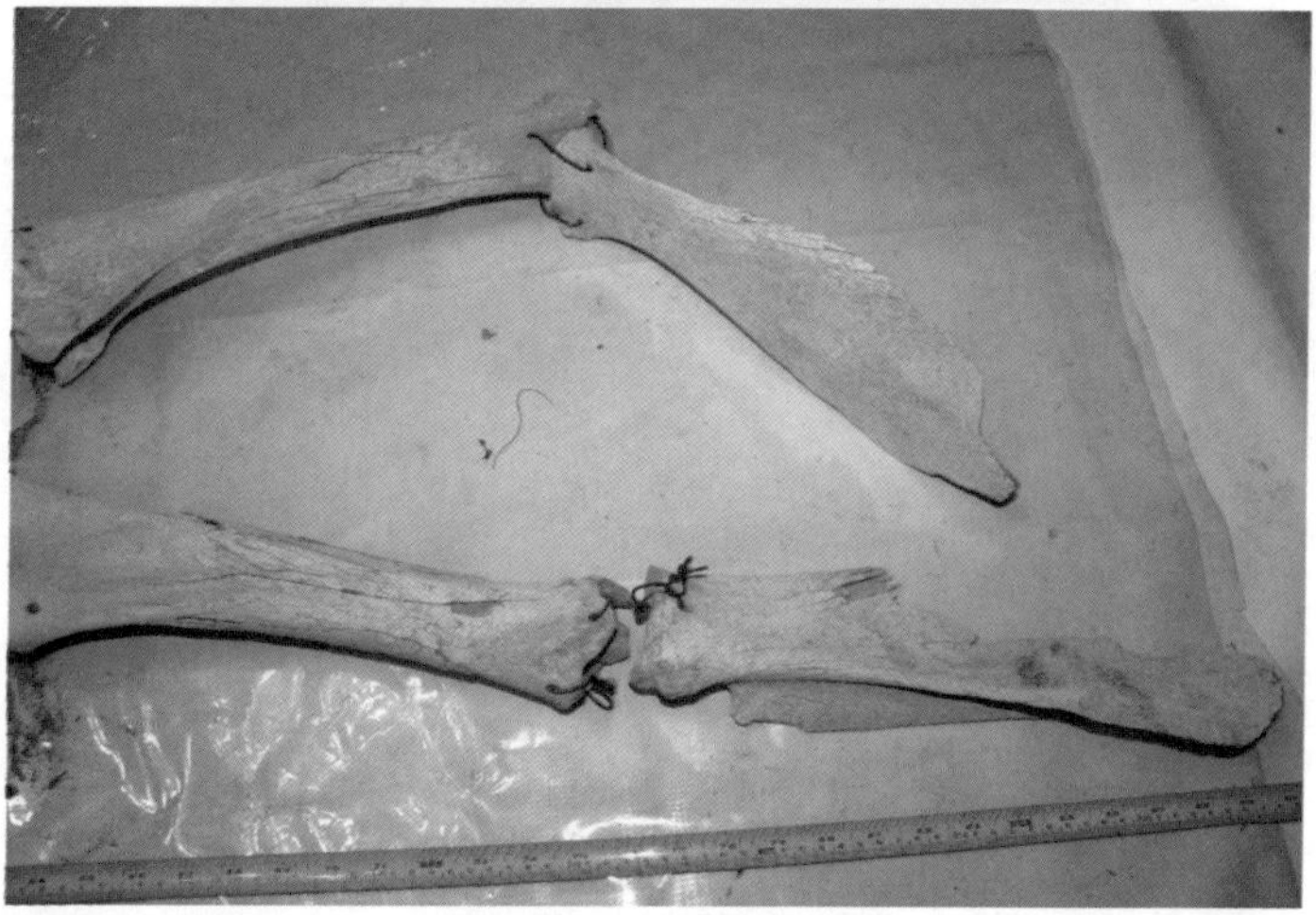
〔図91〕

ジラ目のメロン体に相当すると思われるものがあります。これは、エコロケーションを使って、暗闇の中で自分や獲物の位置を特定するための感覚器官です。これ以上のことは言えません。これはただの連想によるイメージであって、断言ではありません。単なる可能性であるということを、ここで強調しておきます。

〔図91〕骸骨の足の部分の写真です。私たちが最初に明らかにしたのですが、ヒレと脚を繋ぐ関節が存在しません。2014年3月にそのような状態で協会に届きました。保存状態は大変悪く、天候が要因で既にひどく劣化していました。また、遺骨は9ヶ月間、ある家の囲いに掛けられていましたが、ヒレはその家の番犬に噛まれていました。想像し難いことですが、本当です。

これほど非常な発見を前にして批判的に考えると、この骨は本物ではないと考えられます。うまく作られたものかもしれません。この点に関して、私たちが紹介しているものの生物学的起源は、明らかでとても正確です。続いてX線写真と、コンピュータ横断断層撮影を使って多断面的に再現されたアトラツィンの骨をお見せします。

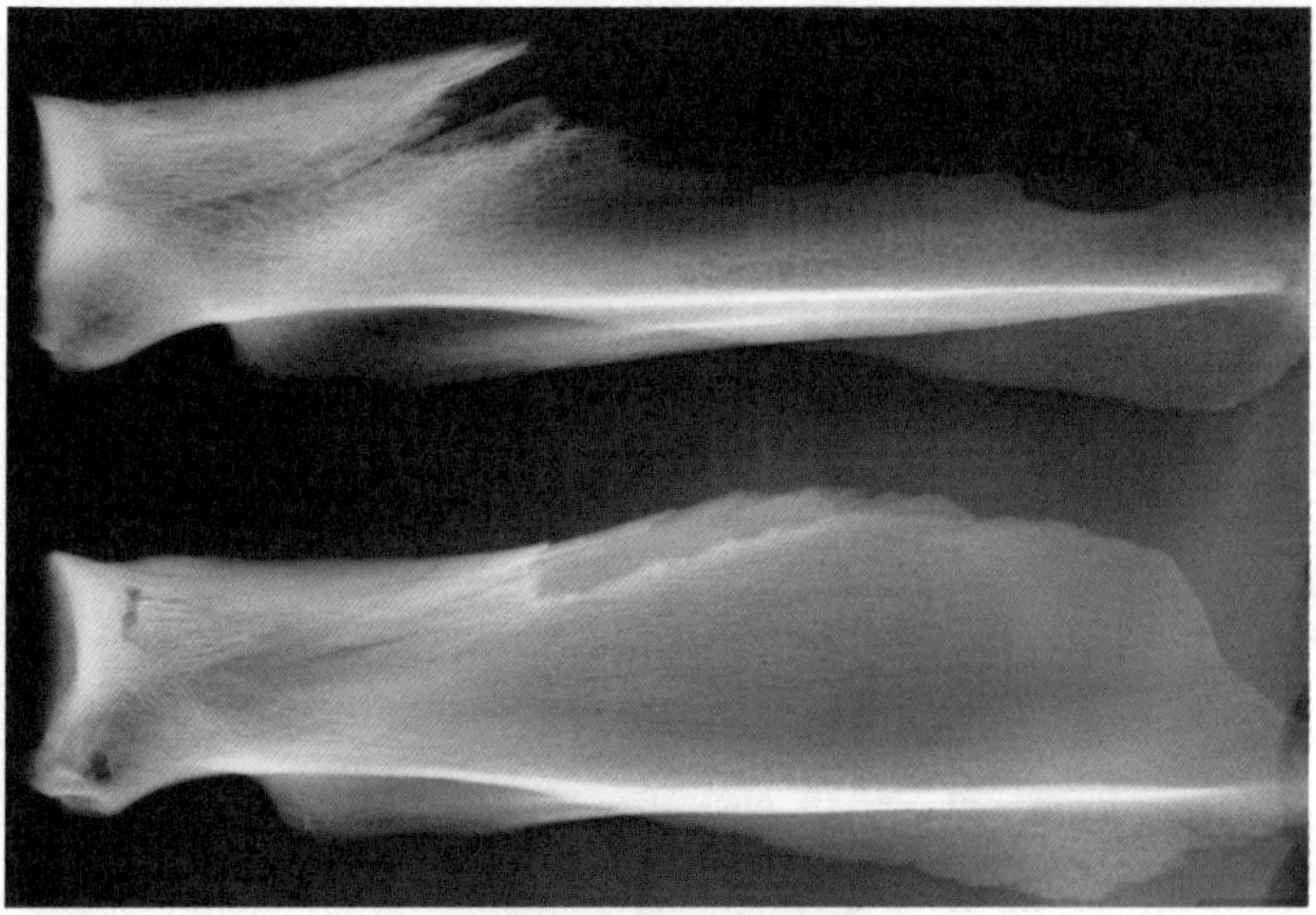
〔図92〕

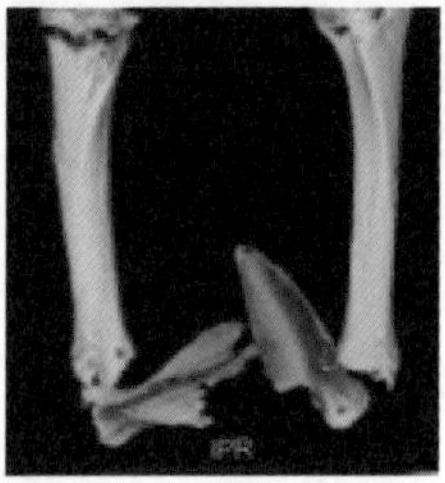

〔図93〕

〔図92〕X線写真には、骨折と針金が貫通した跡が見られます。骨梁が見られることから、生物的物質であることと、白い線はヒレの部分に相当することが確認できます。ヒレは水中での推進移動において、骨に最大の抵抗力を与えるためのものです。これは完全に確かなことです。

骸骨のこの部分の主要な骨が欠けています。その骨とは、人体ではくるぶしの関節に欠かせないものです。しかし、この骸骨に見られる脛骨の下端の関節は大変異なっていて、何も繋がっていません。そのため、私たちは勝利を祝えず、これが偉大な発見だとも断言できません。ただ、今日まで古生物学において記録のない生物遺体の手がかりであるだけです。これに関して私たちは助けを求めてきましたが、現在までこれに類似したものは全くありません。

〔図93〕断層撮影法による水生生物の脚とヒレの再現写真。生物的物質であり、間違いなく骨折が認められます。骨であり、飼い犬の届く距離にあった右ヒレが骨折しています。確かに、脛骨とヒレを繋ぐ骨が欠けています。これは、私たちが自身で骨を見つけないと信頼できないと言う、もう1つの理由です。

信頼できる点は、これが化石化した物質であることです。骨がこの状態になるには、骨を劣化させる太陽光も空気もない適切な環境下にあることが必要です。

もし私たちが骨の生理学的検査を実施すれば、ヒレと陸上のものではない骨盤をもつ水生生物だと分かるでしょう。この生物が水のような無重力の環境の中で成長したとすれば、骨盤はあまり骨組織を必要としなかったでしょう。なぜなら、重力の作用がないので、解剖学的構造がより単純だったに違いないからです。

しかし、水中の推進には、確かに支点に抵抗力が必要です。同様に、大腿骨の骨組織にも、1頭の馬あるいは牛の力に耐えられるだけの力が必要です。その理由は、ヒレで推進する際のとても強い推進力の基礎となるために、筋力が大腿骨と脛骨に硬さと耐久性を与えるだけの、莫大な力が必要だからです。この生物に確実に見られるのは、大腿骨が馬1頭分の力に相当することと、骨盤が人間のものと確かに類似性はあるものの、とても異なっていることです。

写真に見られるように、膝関節の骨組織は非常に頑丈で、支えなければならない力に見合っています。大腿骨顆部はとても強く、健康な人間の約2倍です。膝蓋腱が滑る管は身体上で最も際立っていて、推進すると増える支えなければならない緊張に見合っています。膝蓋靭帯は足を伸ばすため、全力を出していました。

〔図94〕断層撮影法によるこの再現写真には、アトラツィンの骨盤と寛骨大腿関節が見られます。確かに関節の一致があり、大腿骨の上端は大きな緊張にさらされていました。腱付着部は大変発達していて、最後の腰椎が仙骨と完璧に連結しています。上部にはとげとげしい突起が際立っていて、繋がっています。おそらくこの生物には短い尾があり、深い水の中で方向を変えて進む際により安定するように、骨稜のような出っ張りがあったと思われます。

〔図95〕これらの4枚の写真は、調査中の水生生物の骨盤で、左下の写真は骨のX線写真です。人間の骨盤とは大変異なっている構造で、無重力環境の中で生きていた可能性が高いです。

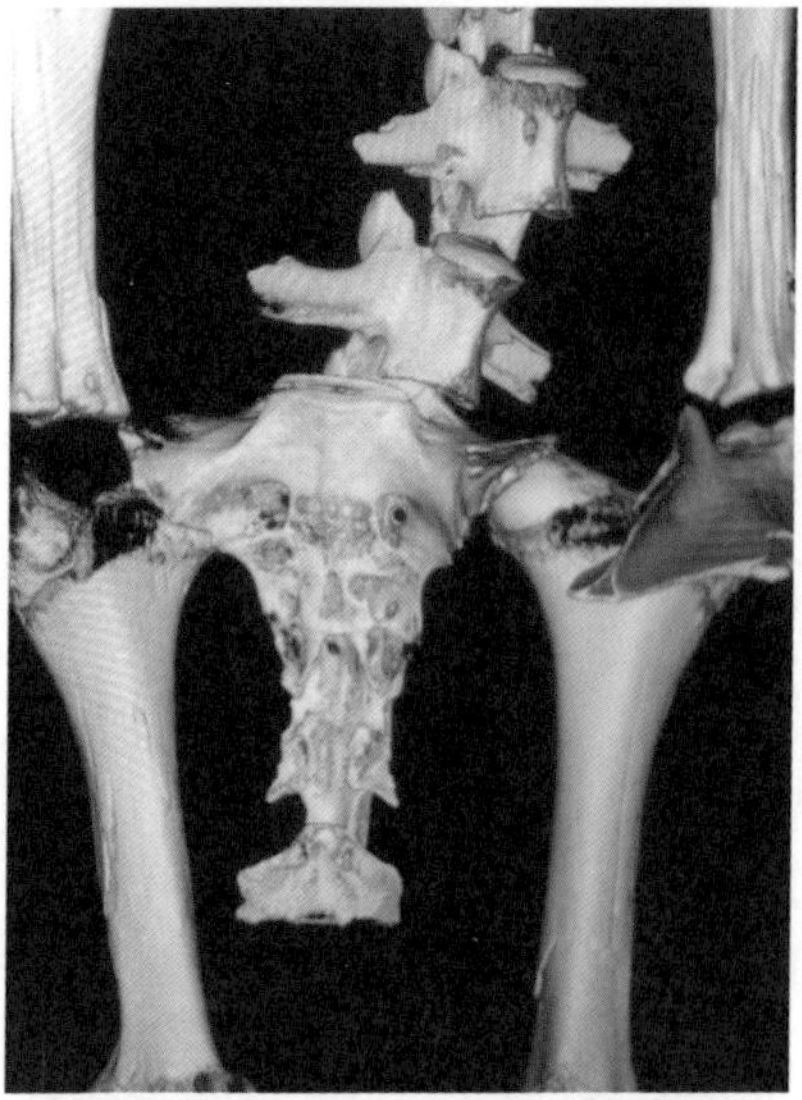

〔図94〕

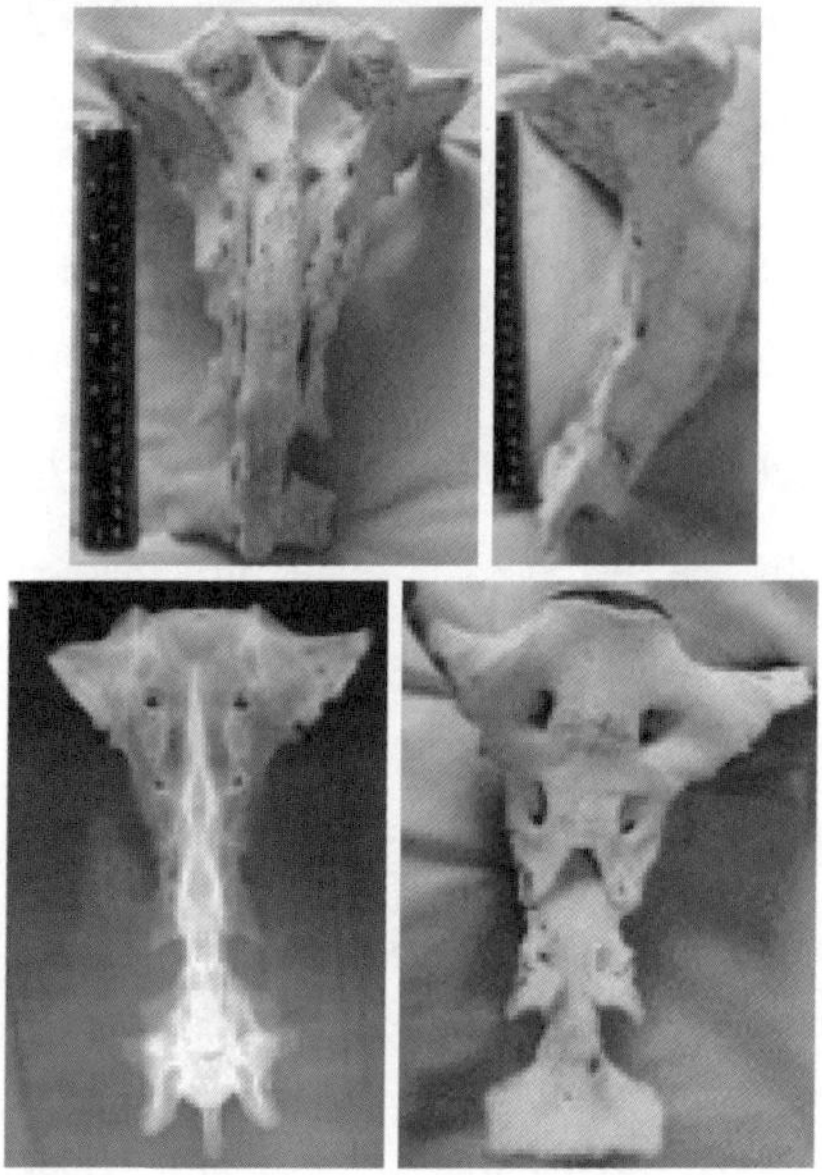

〔図95〕

私たちは、古生物学的調査において大変重要である頭蓋骨を持っていません。頭蓋骨があれば、その生物の身体の働き、食べ物、栄養状態、歯について多くのことが分かります。頭蓋骨は、その生物の周囲の環境についての情報までも与えてくれます。しかし、私たちは頭蓋骨を持っておらず、最初の脊椎だと考えられる同一の脊椎3つを持っているだけです。この3つは形態学的に同一の脊椎ですが、3人の異なる個人のものです。その内の1人は他の骨と比べると、皮質の衰弱から年長だと分かり、骨梁の密度が低いです。骨髄が出てくる大後頭孔の周りの突起は非常に大きく、しかも、脳へ循環をもたらす働きを担う脊柱管のための動脈管があります。そして突起は、速くて不意な旋回において、頭部により安定性をもたらします。動物界で生きているどの種にとっても、水中では速度が生存の基本です。

哺乳類やクジラ目とは骨盤がとても異なるので、この生物が雄か雌かは見て取れません。ここでは、生理的に水中生活のために設計された基本的な骨盤で、出産は難しいことではなかったとさえ考えられます。

〔図96〕これらは脳に近い脊椎の写真で、大後頭孔が大きく、椎骨動脈のための2本の管があります。左上の写真は、脊椎を正面から見たもので、欠けている部分があります。右上の写真は横から見たものです。左下の写真は大後頭孔の直径が見られるように撮ったもので、とても大きいことが分かります。動脈が脳へ至るのに通る脊柱管が見られます。右下の写真は、詳細に見るために断層撮影法によって多断面的に再現されたものです。

アトラツィンの体の働きをより知るには、大腿骨と膝関節を分析し、人間と比べて、非常に大きな筋力があったことを確認するとよいでしょう。それは、両端から一般的に骨の管として知られる骨幹の中まで、大腿骨全体に見られます。

〔図97〕これらの写真には、脛骨と大腿骨の関係と大きさが見られます。関節に接近した下の写真では、骨が1つの種あるいは一個人に属するかを判断するのに必要な関節の一致が、確かに存在していることが分かります。関心を引いたのは、腱を骨にはめ込む箇所である大腿骨の腱付着部が非常に突起していることと、大腿骨顆部の溝が

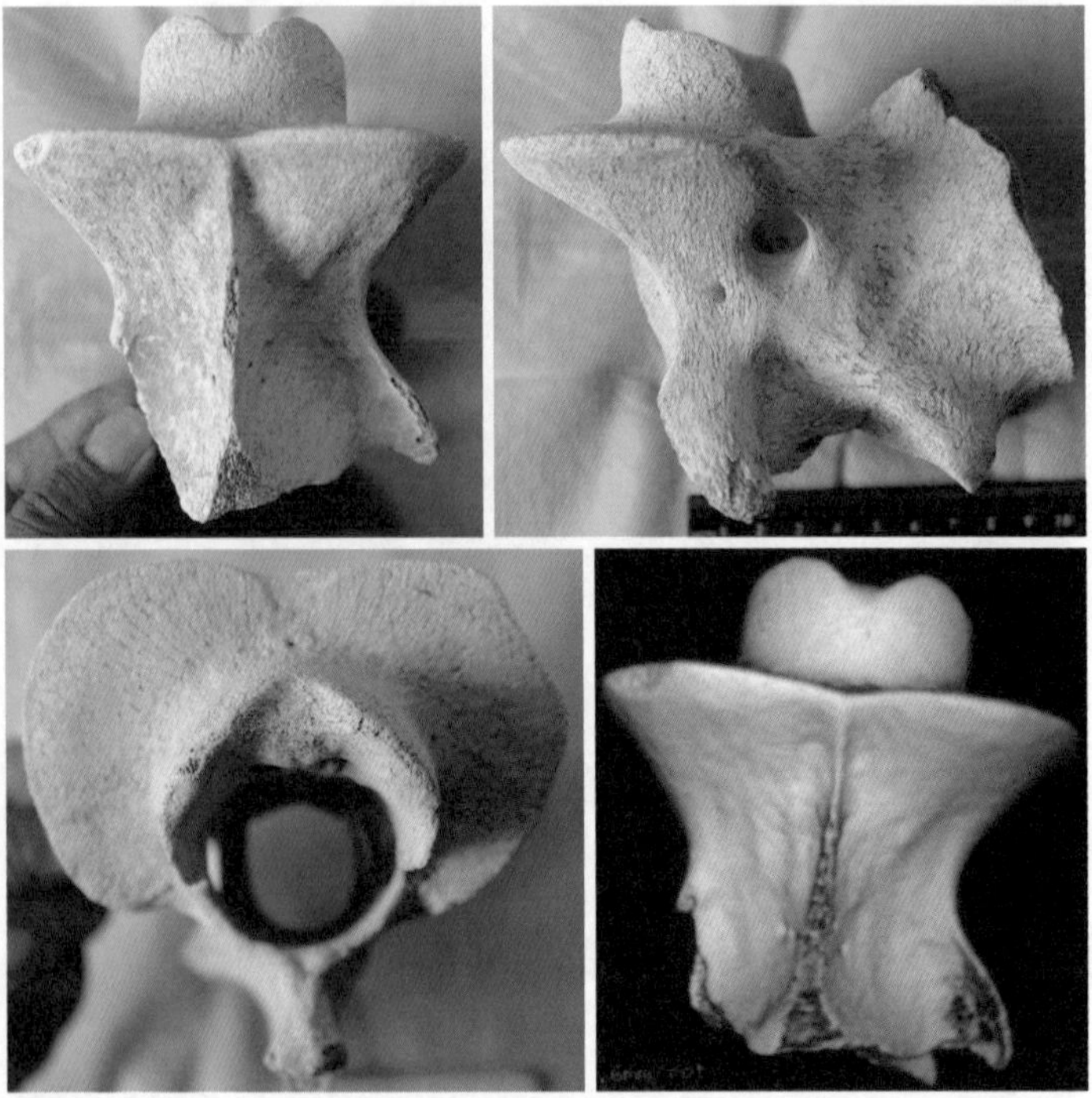
〔図96〕

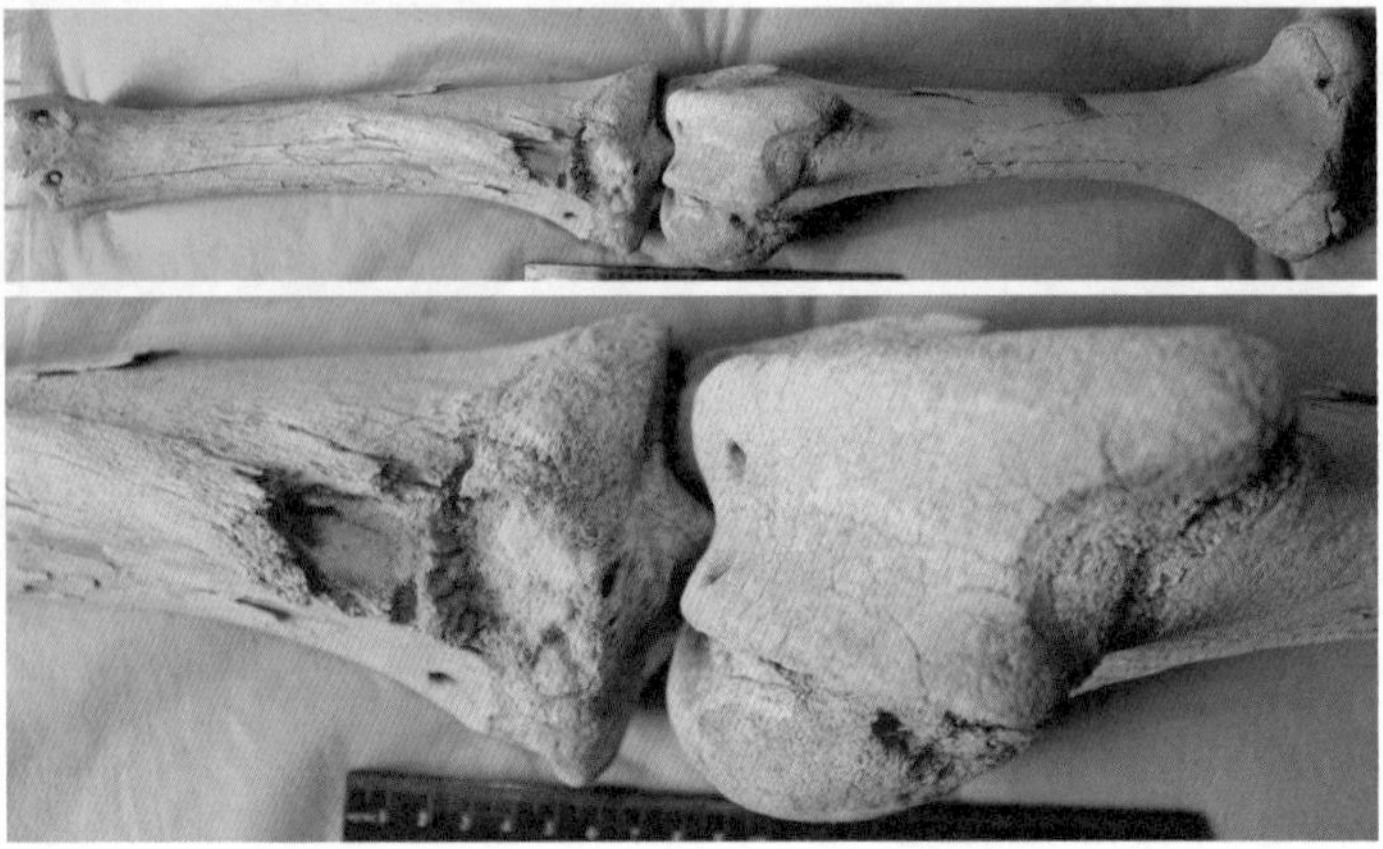
〔図97〕

〔図98〕

膝蓋腱に相応しているという事実です。膝蓋腱にはこれほどの厚みがあり、狩猟であろうと、戦いや逃走であろうと、高速で移動や推進できるように、足を伸ばす役割を担う筋肉がとても頑丈だったに違いありません。

このこと全てから、次のことが考えられます。もし最初の太陽「キヤウトナティウ」の時に人類が水によって絶滅し、生き残った人間は魚に変えられたと、アステカ人が伝えているのであれば、それは、この場所に生きていた生物の証拠に基づいた発想だったのかもしれません。

水は自然の力で、ほとんどの生物にとって不可欠で有益であること、しかし、ひとたび大災害が発生すると、破壊的な力で破滅をもたらすことを、私たちは知っています。荒れ狂った限りない水の力とパワーに比べると、人間の力なんて何でもありません。

ここアカプルコでは、市内に溢れた水の跡があります。激流が通ると、家々や建物、人々は防波堤とはならず、激流の猛威を制止するものはありません。洪水、雪崩、吹雪、ハリケーンの場合も同様です。アカプルコの私たちは2度、ハリケーンによる大災害に見舞われました。どちらの時も、アカプルコの地区が流され、水の威力は明白でした。ハリケーン「パウリーナ」では、アカプルコのすり鉢状の地形内で、より被害が発生しました。水の力は家々を壊滅させるのに十分で、ビスタ・アレグレ地区にあるサグラダ・ファミリア・カトリック教会を擁する建物さえも崩壊しました。そして、水はカマロン川の流れに乗って、家々を完全に破壊しました。

〔図98〕これらの写真は自ら物語っています。上の写真では、人と岩を対比できます。1997年10月、これらの岩は、アカプルコ港を壊滅させた洪水によって流されてきたものです。人間の記憶は乏しく短いので、特別なことや必要なことは全て、「アモシュトリ」という書物に記録しておかなければならないと、アステカ人たちが自らの歴史で述べた通りです。ここアカプルコでは人々は既に、ハリケーン・パウリーナで家々が水に流された場所を復興し、住居のためだけでなく、自身の命のために危険を顧みることもしていません。

私たちが考えさせられるのは、「ほぼ人類全体を滅ぼした膨大な水は、実際に存在したのだろうか」ということです。これは、世界中のほぼ全ての古代文化で語られている「ノ

ア の大洪水」を思い起こさせます。

私たちは、大洪水、ノア、少数の生存者について語られている聖書の創世記を大いに考慮に入れます。世界の宗教や神話は、古代に実際に起きた事実に基づいていて、ただそれを想像的な形で物語っているだけでしょうか。

もし私たちに、大水が引き起こしたこのような大災害の経験があれば、例えば、ノアの大洪水のようなものを想像するならば、アステカ人は第1の太陽で起きたこの全てを記録したと言えるでしょう。そしてそれは彼らの神話によると、約2万6000年前のことです。

巨人キナメッツィン

アステカ人たちが、地球に関連して人類を語っているのは確かです。アステカ暦では5つの太陽があり、各太陽つまり各時代は平均5200年の期間があります。

ここでは、ジャガーの太陽「オセロトナティウ」として知られる第2の太陽について話しましょう。

第1の太陽では、人間は聡明ではなく、神々についで語らず、神々を崇拝することも理解することもありませんでした。そのため、彼らは滅ぼされ、魚に変えられました。

第2の太陽では、神々は、聡明で神々を理解して崇拝する人類を創る仕事に取り組み、そのように人類を形成し、人類は第2の太陽を生きました。すると、創造は背がとても高くて頑丈な人物で占められましたが、彼らには知能が欠けていました。よく転び、起き上がるのが困難でした。神々は彼らと適切に意思疎通を行うことができませんでした。しばらく様子を見て、この巨人たちが改善せず、知性を発達させないのを見て、神々は彼らを滅ぼすことを決めました。2度目の今回は、水を用いませんでした。巨人たちはとても強かったの

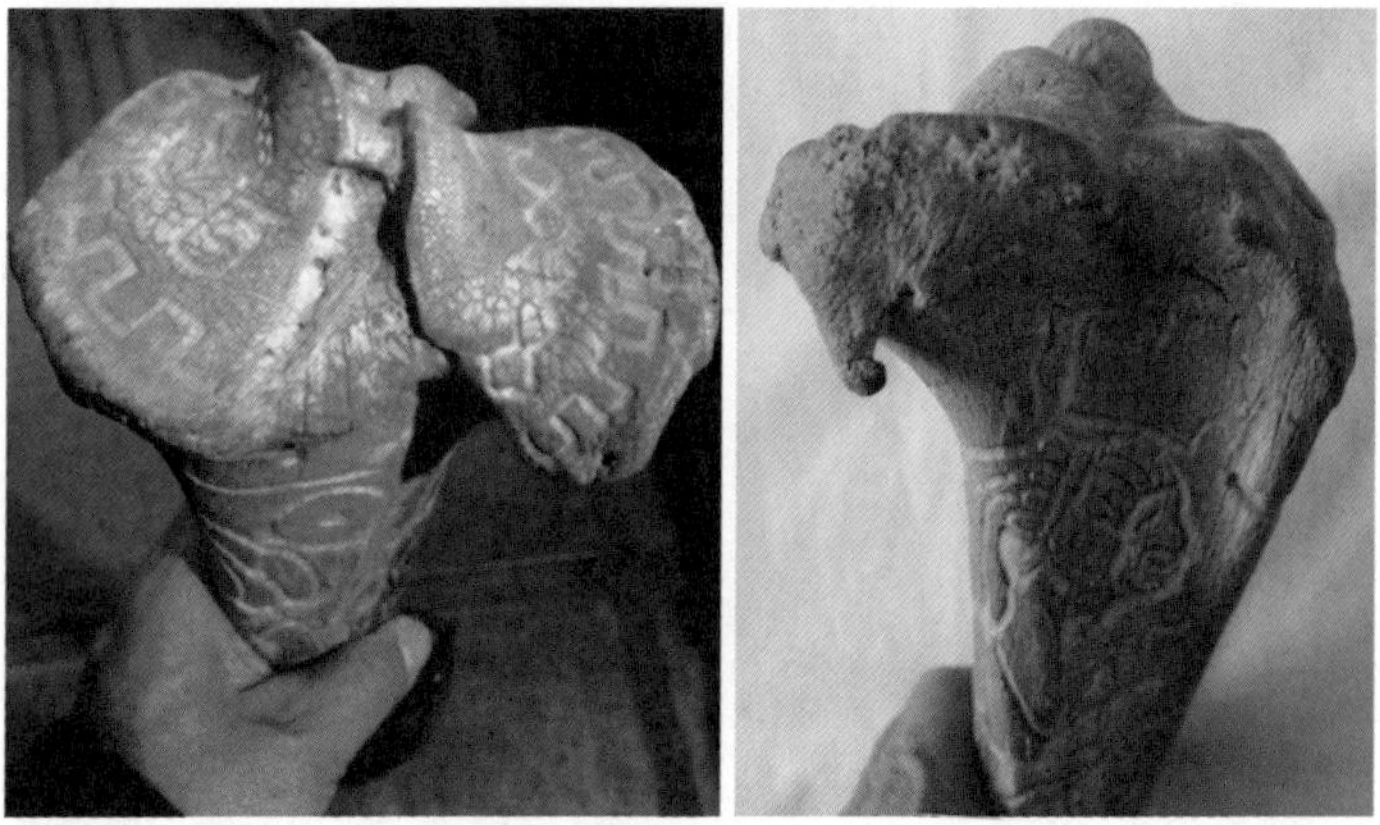

〔図99〕

で、ジャガーに彼らを絶やすよう命令した方がよいと神々は考えたのです。彼らの骨は地表に散らばり、少しずつ分解されてゆきました。このことに関して、巨人についても世界中で語られていて、巨人について語っていない古代文化はありません。ただ、目の届く範囲に骸骨がないか、人間の野蛮行為から生き延びただけです。

聖書の創世記に次のことが書かれています。神の天使たちが地球へ降り立ち、人の娘たちの美しさと魅力を目にし、彼女たちと結婚しました。この結婚から巨人が生まれましたが、通常の人間と比べて非常に大きい人間でした。

エクアドルでは、身長が7mもあると言われる人間の特徴を持った骸骨が発見されています。エクアドルで特定されたこの種の骸骨は既に5体あります。私の家族では、巨人について話すことは珍しくありません。その理由は先述しました。

アストランの湖のある地域全体では、巨人についてよく話されていて、商品として取引されるまでに至っています。私たちには巨人の骨1つをも見る機会は今までありませんでしたが、身長の高い巨人のものかもしれない脊椎骨1つだけは見たことがあります。〔図99〕は脛骨という骨で、この2つの骨はミチョアカン州で発見され、巨人のものかもしれない骨としてここで紹介します。人間の脛骨と比較すると、2倍以上の大きさです。ここに捉えられているように、脛骨はインペリアル・ジェイドに似た水晶の遺物と繋がっています。これらの脛骨は、略奪された墓を知った人たちが回収したものです。略奪は止むことなく、様々な要因から年々増えています。

〔図99〕この2つの骨は、人間の特徴を持った脛骨ですが、人間の脛骨の2倍の大きさがあります。現在の人類より遥か以前に神々が絶滅させた人類は神聖だとみなされていたので、彫刻が施されています。

古代人はそれらの遺骨を発見すると、高位を授与する儀式で権力の笏として使用していました。アステカ暦に従うと、ジャガーの太陽「オセロトナティウ」に相当し、人類全体は獰猛なオセロット〈アメリカ産オオヤマネコ〉やジャガー「テクワン」によって、地表から消し去られ、巨人たちの骨は地面に散乱しました。

この2つの骨は異なります。左側の骨には、補強状態の悪い脛骨高原骨折が見られます。右側の脛骨には、骨棘の傷が見られ、骨髄炎という感染のプロセスによるものである可能性があります。骨髄炎は一見治癒していますが、骨に外骨腫を残しています。それは、慢性的に炎症した組織が、感染した骨に異常な成長を引き起こしたことによる骨の形態異状です。

出版社からのお知らせ

◉2021年春の刊行を目指して

ドクター・パブロ氏の続刊が進行中です！
訳者奥田一美氏がすでに翻訳に取りかかり始めています。
聖遺物のさらなる詳報となりますので
ぜひ楽しみにお待ちください！

◉そして、お知らせがもう一つあります。

本書の監修をつとめ、海外に幅広い人脈を持つ
中谷淳子氏が、ニュージーランドのワイタハ族長老
テ・ポロハウ氏の日本に向けた初の単行本を
アレンジしてくれています。
テ・ポロハウ長老は、2019年の大嘗祭の時にも
来日を果たし、天皇家を見守ってくださっておりました。
「ワイタハ族は銀龍であり、金龍である日本の弟分である」と
日頃から日本の代表、いや世界の代表である
天皇家に対して強い崇敬の念を示しておられます。
テ・ポロハウ長老が緊急に
日本の人々に対して伝えたいメッセージとは
一体何なのでしょうか？
こちらの本も2021年春の刊行を目指して
準備中です！
楽しみにお待ちください！

ドクター・パブロ
パブロ・エンリケ・ガルシア・サンチェス。メキシコ、トラスカラ州出身の職業軍医。臨床医であり研究家でもある。
ハリスコ州オフエロス市での16年間にわたる調査活動で、数え切れないほどの石の遺物において驚くべき証拠と、現在私たちがアステカ暦として認識しているものの進化の形跡を発見する。
初期の調査活動に基づき、ナウィ・オリン協会の設立に尽力する。本協会は2000年の設立から、セロ・デル・トロに重点を置いて調査を行い、アストランの起源について驚くべき新たな発見を続けている。
協会は、アステカ人と宇宙人の文化間の交流が記録されている「オフエロスの石」を世界に知らせる。また、神話上の巨人のものかもしれない生物遺体を発見するに至る。

中谷淳子　なかたに　じゅんこ
パラレルワールド＆ワイタハジャパン主宰。
23歳の時にスピリチュアルに目覚めエネルギーヒーリングを学びチャネリングやクンダリーニ覚醒体験を通して様々な霊的体験をする。世界中を旅しながらヒーリングや呼吸法、霊的旅を通して人々の意識の変化をサポートする。
ニュージーランド先住民ワイタハグランドマザー評議会の一員。

奥田一美　おくだ　ひとみ
大阪府生まれ。カナダの大学にて環境工学を専攻。大の語学好きで、英語・西語・仏語・伊語・独語・アラビア語・露語・中国語など10ヶ国語以上を学ぶ。環境活動に取り組むとともに、通訳・翻訳を行う。スピリチュアルや薬膳にも詳しい。
2018年秋に通訳として参加した某セレモニーのゲストから、中谷淳子氏を紹介される。それがご縁で通訳・翻訳を務めた雑誌の取材にて、ドクター・パブロ夫妻および寺石マナ氏と知り合い、以降親交を深める。

Aztlán y los Aztecas
Una historia más completa de la humanidad

エビデンスが語る
宇宙人&人類ハイブリッド文化
アストランとアステカ人

第一刷　2020年11月30日

著者　ドクター・パブロ
監修　中谷淳子
訳者　奥田一美

発行人　石井健資
発行所　株式会社ヒカルランド
〒162-0821　東京都新宿区津久戸町3-11　TH1ビル6F
電話　03-6265-0852　ファックス　03-6265-0853
http://www.hikaruland.co.jp　info@hikaruland.co.jp
振替　00180-8-496587

本文・カバー・製本　中央精版印刷株式会社
DTP　株式会社キャップス
編集担当　伊藤愛子

ISBN978-4-86471-942-1

ヒカルランド　好評既刊！

地上の星☆ヒカルランド　銀河より届く愛と叡智の宅配便

謎多き惑星地球 上
神々の爪跡
著者：浅川嘉富
本体3,333円＋税
（ともはつよし社）

謎多き惑星地球 下
奇蹟のオーパーツ
著者：浅川嘉富
本体3,333円＋税
（ともはつよし社）

改訂新版
最後の楽園PERÚ
秘境・アマゾン源流写真旅
著者：浅川嘉富
Ｂ４判変型ハード　本体5,000円+税

神々の楽園 八ヶ岳
著者：浅川嘉富
推薦：さくらももこ
Ｂ４判変型ハード　本体6,000円+税

ヒカルランド　好評既刊！

地上の星☆ヒカルランド　銀河より届く愛と叡智の宅配便

宇宙人コンタクトと新人種スターチャイルドの誕生
著者：メアリー・ロッドウェル
訳者：島貫 浩
四六ソフト　本体 3,000円+税

宇宙人UFO軍事機密の［レベルMAX］
今この国で知り得る最も危険な隠しごと
著者：高野誠鮮／飛鳥昭雄／竹本 良
四六ソフト　本体 1,815円+税

いま私たちが知って受け入れるべき
【この宇宙の重大な超現実】
著者：高島康司
四六ソフト　本体 1,620円+税

キャッチされた宇宙人ヴォイス
著者：ジョージ・ハント・ウィリアムソン
／アルフレッド・C・ベイリー
訳者：坂本貢一　監修：秋山眞人
四六ハード　本体 1,600円+税

イチオシ動画！

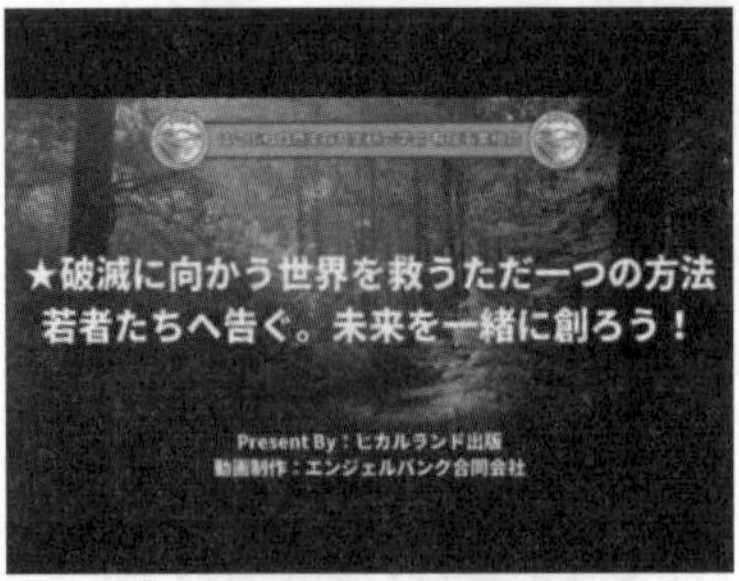

★破滅に向かう世界を救うただ一つの方法　若者たちへ告ぐ。未来を一緒に創ろう!

出演:池田整治、ドクターX、坂の上零
8,000円
195分

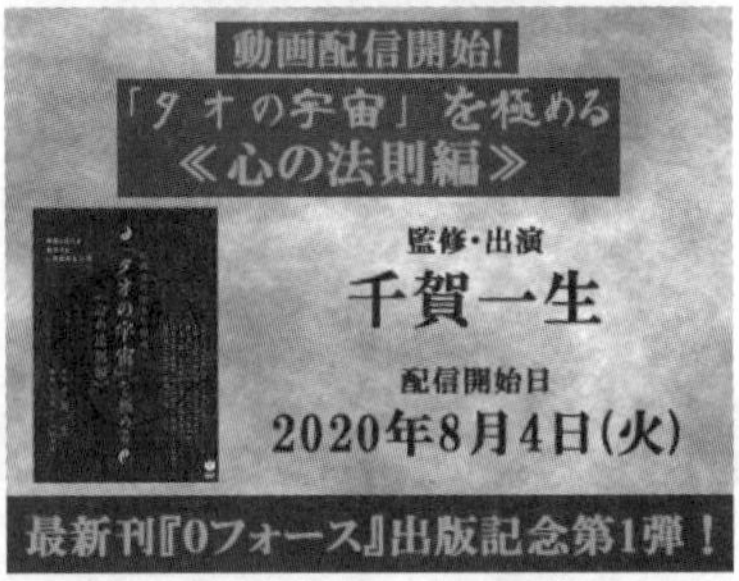

超感覚的能力を開花!
「タオの宇宙」を極める
《心の法則編》

出演:千賀一生
3,300円
88分

宇宙意識につながる
覚醒セミナー

出演:中西研二(ケビン)、宮井陸郎(シャンタン)
12,000円
137分

ハートの聖なる空間から生きる
―『ダイヴ! into アセンション』
出版記念セミナー&瞑想会

出演:横河サラ
6,000円
110分

携帯アプリを使う

携帯電話のアプリでラジオを聴く方法

① iOS（iPhone など）は左の QR コード、アンドロイド携帯は
右の QR コードから Voicy 専用アプリにアクセスします

App Store からダウンロード　iOS

Google Play で手に入れよう　Android

②「Voicy」アプリをダウンロード（インストール）します

③「イッテルラジオ」で検索すると番組が出てきます
フォローすると更新情報が表示されて視聴しやすくなります

フォローしてくれると
石井社長が
泣いてよろこぶよ

検索バーで
「イッテルラジオ」
を探してみてね

リスナーさんからのコメントや質問も大歓迎！ 毎朝8:00に「イッテルラジオ」でお会いしましょう♪

自然の中にいるような心地よさと開放感が あなたにキセキを起こします

神楽坂ヒカルランドみらくるの1階は、自然の生命活性エネルギーと肉体との交流を目的に創られた、奇跡の杉の空間です。私たちの生活の周りには多くの木材が使われていますが、そのどれもが高温乾燥・薬剤塗布により微生物がいなくなった、本来もっているはずの薬効を封じられているものばかりです。神楽坂ヒカルランドみらくるの床、壁などの内装に使用しているのは、すべて45℃のほどよい環境でやさしくじっくり乾燥させた日本の杉材。しかもこの乾燥室さえも木材で作られた特別なものです。水分だけがなくなった杉材の中では、微生物や酵素が生きています。さらに、室内の冷暖房には従来のエアコンとはまったく異なるコンセプトで作られた特製の光冷暖房機を採用しています。この光冷暖は部屋全体に施された漆喰との共鳴反応によって、自然そのもののような心地よさを再現。森林浴をしているような開放感に包まれます。

みらくるな変化を起こす施術やイベントが 自由なあなたへと解放します

ヒカルランドで出版された著者の先生方やご縁のあった先生方のセッションが受けられる、お話が聞けるイベントを不定期開催しています。カラダとココロ、そして魂と向き合い、解放される、かけがえのない時間です。詳細はホームページ、またはメールマガジン、SNSなどでお知らせします。

神楽坂ヒカルランド みらくる Shopping & Healing
〒162-0805　東京都新宿区矢来町111番地
地下鉄東西線神楽坂駅２番出口より徒歩２分
TEL：03-5579-8948　メール：info@hikarulandmarket.com
営業時間11：00～18：00（1時間の施術は最終受付17：00、2時間の施術は最終受付16：00。時間外でも対応できる場合がありますのでご相談ください。イベント開催時など、営業時間が変更になる場合があります。）
※ Healingメニューは予約制。事前のお申込みが必要となります。
ホームページ：http://kagurazakamiracle.com/